一看就懂！
中國與地緣政治
Géopolitique de la Chine

40 張資訊圖表，從世界工廠、中共崛起到習近平統治，解析強權競逐與全球戰略新布局

中國地緣政治專家 **韓石 Pierre Haski** ——著
姜盈謙 ——譯

前言　　　　　　　　　　　　　　　　　　　　004

第一部　十大重要觀點　　　　　　　　　　006

1　重返「中央帝國」寶座　　　　　　　008
2　忘卻「百年屈辱」　　　　　　　　　012
3　中國現代化的長征　　　　　　　　　016
4　孔子──今與昔　　　　　　　　　　020
5　後毛時代的中國共產黨　　　　　　　024
6　步上神壇的習近平　　　　　　　　　028
7　中產階級的崛起　　　　　　　　　　032
8　病入膏肓的政治貪腐　　　　　　　　036
9　人權沙漠　　　　　　　　　　　　　040
10　景觀社會　　　　　　　　　　　　　044

第二部　主要的十項挑戰　　　　　　　　048

11　犧牲的環境　　　　　　　　　　　　050
12　經濟模式轉型　　　　　　　　　　　054
13　都市化的有效控管　　　　　　　　　058

目　錄

14	網路監控	062
15	人口萎縮	066
16	宗教的興起	070
17	難以駕馭的西藏	074
18	新疆的威脅	078
19	反叛的香港	082
20	臺灣：一個或「N個」中國？	086

第三部　主要的十個地緣政治議題　090

21	中國在國際舞台扮演何種角色？	092
22	中美關係：21世紀的核心議題	096
23	南海對峙衝突	100
24	印度——「另一個」亞洲強權	104
25	中非友好年代	108
26	中俄撲朔迷離的「愛恨情仇」	112
27	中亞腹地	116
28	中國與歐洲的關係為何？	120
29	對原物料的狂熱	124
30	征服極地的目標	128

第四部　主要的十個行動槓桿　132

31	北京共識	134
32	一帶一路	138
33	中國軍事實力為何？	142
34	中國蓄勢待發迎接網路攻防戰	146
35	太空：中國的嶄新邊疆	150
36	中國跨國企業的風雲時代	154
37	從軟實力至銳實力	158
38	媒體資訊戰	162
39	廣大華僑華人優勢	166
40	振興民族的企圖	170

註釋　174

參考書目　178

資訊圖表來源　180

前言

在21世紀初，中國仍然被看作是「世界工廠」，一個西方大型企業大舉外包生產的低薪國家。在2010年代中期，中國明顯轉變了國家的發展規模和野心，企圖邁向世界第一大經濟體，並在長遠目標上取代美國的地位。這一現象深具歷史意義，須知強權的興衰在歷史上相當少見：18世紀和19世紀是「歐洲人的世紀」；20世紀是「美國的世紀」，不過它與另一個超級強權——蘇聯的冷戰競逐，亦是本世紀焦點，後者在1991年解體。至於21世紀，將可能是「中國的世紀」。

因此，自冷戰結束以來，首次有非西方國家稱霸全球。[1]如果我們倒回更早的時間點作為參照，那麼中國將重回在18世紀末、尤其是19世紀受歐洲人「衝擊」之前的中心地位——即「中央帝國」（Empire du Milieu，也可解釋為「中原」）。這是現存最古老的主權國家和文明之一，也是引領世界的強權。

一個在20世紀上半葉仍被視為「亞洲病夫」的國家，究竟如何實現這些創舉：跳脫低度開發國家之列，並在科技發展和創新方面攀至高峰？中國一躍成為世界領頭羊，對全球治理、對亞洲鄰近各國，以及更遙遠的歐洲、非洲和美洲等地，又有什麼影響？

要回答這些形塑新世紀局勢的問題，便必須先理解這個新興世界霸主的優劣，重新審視其轉型背後的驅動力、無可否認的強項，以及可能危及——或至少說——牽制其崛起勢力的弱點。最後必須分析這個潛在強國與世界其他地區的互動關係——後者還不清楚該怎麼跟中國打交道。

在2018年1月，川普執政下的美國修正了觀點，認為「國家間的戰略競爭，取代恐怖主義，如今成為美國主要憂慮的安全問題」，並將中國和俄羅斯列為美國的主要戰略對手，在許多方面重新引用了冷戰時期的語言和分析。

然而，2010年代的中國不像過去的蘇聯那樣，試圖將其意識形態在國際舞台傳播和推廣，儘管它樹立了一個威權統治的「模範」。相較於社會主義時期的孤立和相對自給自足的狀態，它在經濟全球化時代的地位，已不可同日而語。中國領導人發表的宣言是採多邊主義理念，儘管他們經常說一套做一套，但這與冷戰時期的「兩大陣營」的對立截然不同。

儘管態度有所收斂，中國的崛起仍激起其他合作國家的驚惶不

安。這些國家既渴望與這位新興全球巨人交流互動，又懼怕這個龐然怪物突然進犯，竄改國際間的遊戲規則。即使中國並不像舊時的「帝國主義者」那樣行事，但它仍毫不猶豫在南海等地採取先斬後奏的做法，或透過經濟手段使其合作夥伴成為「附庸」。

特別在跟一個嶄新的中國交手時，其他世界的國家才彷彿「大夢初醒」：中國不僅是一個經濟巨頭，也是科技強國，在如人工智慧和生物技術等具有未來前景的領域中首屈一指；這個強國還擁有宏大的政治願景：「一帶一路」將中國的投資和企業推向全球，在前所未見的規模上建立盟友和「恩庇與侍從關係」（clientélisme）。最後，自 2010 年開始，習近平成為自毛澤東以來權力最集中、無可非議的領導人。因此，這股憂慮的升起再合理不過，特別是在歷經了全球秩序大洗牌之後。在本世紀初，世界曾度過了一段相對短暫的時期，當時只有一個危險因素：「超級強權──美國」。某位美國作家引用了「修昔底德陷阱」（piège de Thucydide），這一古老概念源自希臘時期，指出在一個野心勃勃的崛起強國和既有的強國之間，很難避免開戰，尤其美國在經歷像是川普執政那樣混亂和不確定的時日之後。

習近平領導下的中國集合了三項要素：

- **資本主義**：既是主打戰略和管理的國家資本主義，也是私人資本主義，雖然鼓勵私有經濟發展，但最終仍受政治權力制約。
- **威權主義政權**：對任何自由主義觀點絕不讓步，反過來說，扼殺了部分中國菁英份子的「西化」傾向。
- **民族主義**：一種替代或是填補中國現行政體的意識型態：表面上走共產路線、實則奉行強調組織和紀律的列寧主義。

這種組合早在 20 世紀便存在過，並造成無數災難。雖然歷史未必會在中國重演，但鑑於中國也許未來將成為世界第一大國，它的動向勢必影響或世界上其他國家。

要學習與這個新中國共處，得先知己知彼。這本書的目標是完整呈現 21 世紀中國的地緣政治各個面向。

第一部

十大重要觀點

1 重返「中央帝國」寶座

中國是世界上最古老的國家。這不僅僅是歷史事實，也是中國思想的核心元素、其領導人觀看世界的方式。在 2017 年 10 月中國共產黨第十九次全國代表大會的演講中，習近平總書記引用了「中國五千年的歷史」的說法，儘管今日我們所熟知的中國，實際上是在西元前三世紀（西元前 221 至 207 年）──亦即秦朝，才真正成型。[2]

中國不僅是一個帝國，更是一個文明，區別其中的差異非常重要。儘管 1949 年毛澤東的上台掌權，以及 1966 年更劇烈的文化大革命，造成文明的中斷，但中國在漫長歷史中的大多數時光，始終是世界上第一大國。[3] 憑藉龐大的疆域、人口數量──在西元初年已有數千萬，18 世紀超過一億，至毛澤東時代初期突破五億人；其諸多發明、做工精緻的商品和旅行遊記，中國被賦予「中央帝國」一稱，當之無愧。在中國繪製的地圖上，中國確實位於中心，歐洲列強則處於邊緣⋯⋯

這樣的大國秩序從 18 世紀開始式微，最終在 20 世紀初徹底覆亡──其中有內部的因素，以及與歐洲列強接觸後造成的「衝擊」之故──後者因為工業革命後變得野心勃勃和好戰；在 100 多年間，「中央帝國」的地位一落千丈。

毛澤東：紅色皇帝

在中國顯然準備好恢復大國地位之際，我們可以來探討其制度

的本質、悠久文明的遺產及當代的貢獻。換句話說，若要理解今日的中國，究竟該從 20 世紀的「紅色皇帝」毛澤東，還是 18 世紀清朝盛世的乾隆皇帝做為切入點？

事實上，若只是提及毛澤東的「遺風」，不足以理解現今的中國。必須留心觀察整段「歷史長河」，走進數千年的歷史深處，才能真正理解在中南海——北京權力的中心，緊鄰昔日清朝皇帝的紫禁城——所發生的事情。

在其 3000 年的綿長歷史中，君主制之下的社會，本質上是階級制度：不是以「個人」，而是以具有階級關係的雙人組合——君臣、父子、兄弟和夫妻，作為人類社會的最小單位。「人人平等是無法想像的事情。」[4]

目前的中國政權仍奠基於這些原則，無論是審視習近平抑或毛澤東時代的中國，這項參考依據皆適用。經歷了一個世紀的危機之後，這種權力的概念再度興起。[5]

否定「去毛化」

許多研究者指出，要追尋現代中國的起源，須從中國原有的、而非受西方取代的「根本性議程」之轉變談起。[6] 19 世紀中葉西方影響力的滲透、甚至 20 世紀馬克思主義的引介，只不過是讓問題更加盤根錯節，無益於理解中國憲政發展的主線。

北京當局並未公開承認這些問題遺緒，畢竟其政府的合法性，即是建立在中華人民共和國的這些「建國元老」、特別是毛澤東的派系關係上。因此，儘管在毛去世後，中共曾評價他有「三成過失」，黨內仍放棄「去毛化」的政治體制。

然而，最高領導人與人民之間的關係本質、黨國之間刻意模糊的邊界，以及儒學思想等文化精髓的復興重建，都令人不禁聯想起數千年來形塑中國的那些古老的、傳統的框架。正如漢學家克勞德·勞爾（Claude Larre）在 1998 年所寫道：「古老的中國隨侍在側，看守新中國」，確保能取回它應有的「中心」地位。

> 「在歐洲，沒有任何一個名門家族，比中國世族的歷史更悠久。」
> ——伏爾泰（Voltaire）
> 《哲學辭典》
> （*Dictionnaire philosophique*）

第一部 十大重要觀點 009

焦點

「中國歷史不僅是一個連綿不斷的朝代更迭史，或甚至最主要的，是一代代農人拓墾自身土地的歷史。」1994 年，漢學家弗朗索瓦・傑尤（François Joyaux）認為這是中國歷史綿延的象徵。因此，中國農村人口向城市遷移的現象，是真正造成這一歷史斷裂的因素，目前中國已有超過一半的人口居住在城市。其他國家及大陸，都曾經歷這樣的過程，但沒有哪一個跟中國發展得同樣快速和激烈。

要點

「Zhong Guo」，字面的意思為「中央國家」，即是「中國」在中文裡的意思。這究竟代表中國曾經認為自己身處世界的中央？或僅僅是因為，在中國一統天下前的戰國時期（西元前三世紀），聚集在黃河流域的那幾個古老的國家──自稱為「中原」？這兩種解釋不相矛盾，因為隨後中國確實把自己看作是「世界的中心」。

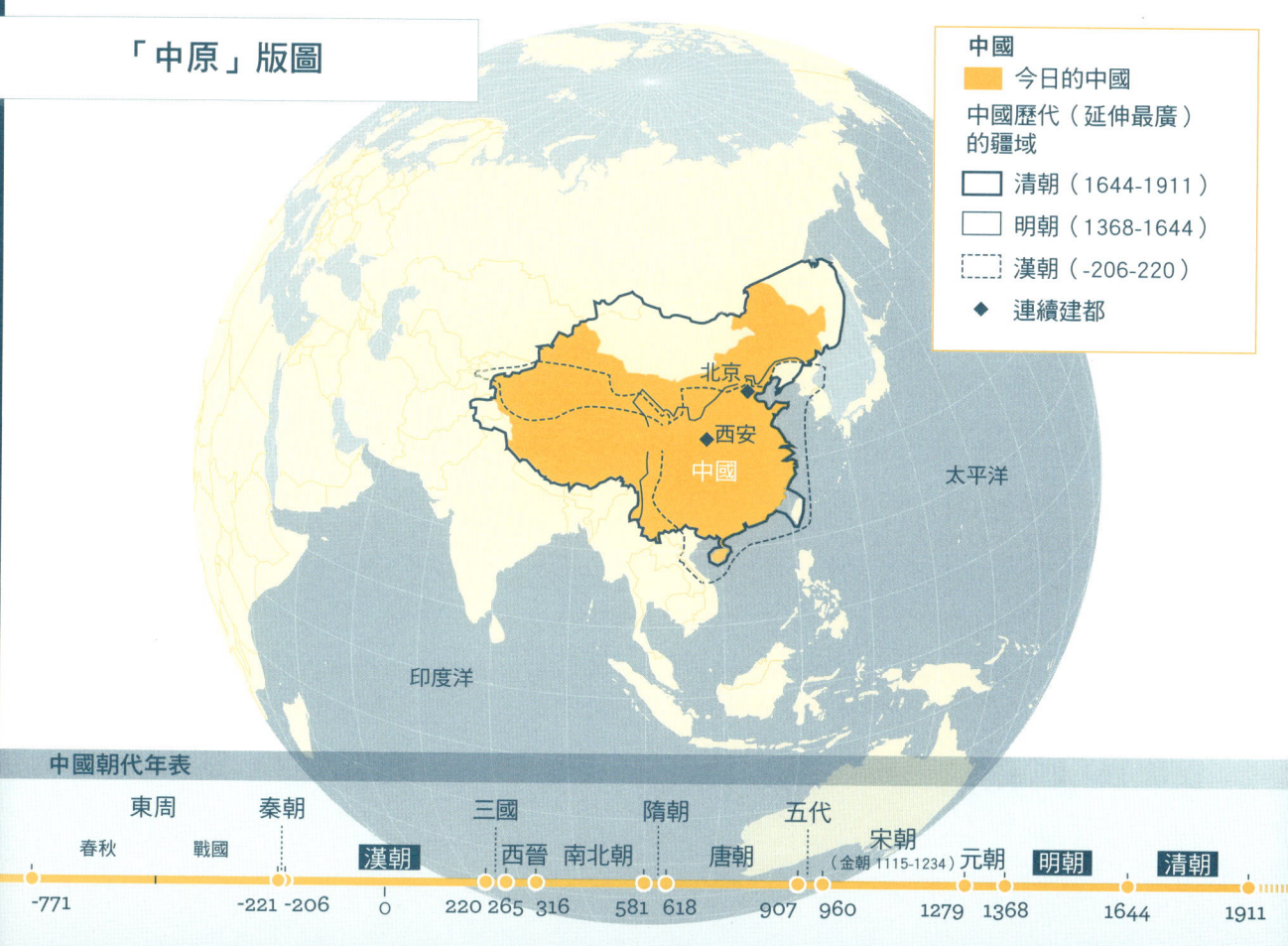

2 忘卻「百年屈辱」

中華民族「偉大復興」的關鍵契機之一，無疑可以在中國人所謂的「百年屈辱」中找到端倪。在此，我們須再次參酌習近平在中共第十九次全國代表大會上的報告，這份報告如今成為全中國研讀的「聖經」。中國的最高領導人在會上提及了過往歷史：「中華民族有 5000 多年的文明歷史，創造了燦爛的中華文明，為人類做出了卓越貢獻，成為世界上偉大的民族。鴉片戰爭後，中國陷入內憂外患的黑暗境地，中國人民經歷了戰亂頻仍、山河破碎、民不聊生的深重苦難。為了民族復興，無數仁人志士不屈不撓、前仆後繼，進行了可歌可泣的鬥爭，進行了各式各樣的嘗試，但終究未能改變舊中國的社會性質和中國人民的悲慘命運。」

顯而易見，這段歷史「敘述」讓中國共產黨、尤其是現任最高領導人習近平，成為了一肩扛起「振興」中華民族和徹底拋開「百年屈辱」過往的掌權者。

鴉片戰爭

西方嚴重低估這一層因素造成的影響，並常常對中國這一「國家敘事」所指涉的事件陷入失憶。由英國發動的鴉片戰爭，目的是打開中國貿易市場。戰爭結束後簽訂的「不平等條約」，迫使中國購買英國在印度殖民地生產過剩的鴉片，開放通商口岸給外國列強，並將香港割讓給英國 150 年。

在第二次鴉片戰爭（1856 至 1860 年）期間，法國、俄羅斯與

英國並肩作戰，齊抗中國。法英聯軍攻入北京，並在避暑山莊圓明園進行了一場令人心痛的著名洗劫。歐洲兩大強國的軍隊在圓明園大肆掠奪、奪取珍寶，並摧毀攜帶不走的物品。現今，在北京圓明園內的紀念牌，時刻提醒人們這段歐洲侵略者的黑暗歷史，但在歐洲，又有多少人記得這段慘痛的過去？

然而，外國列強的侵略無法解釋一切。它解釋不了清朝的日漸衰落，以及中國在1894年對戰日本吞下的敗仗。當時的中國對這股亞洲新興勢力保有優越感，卻沒有意識到日本在明治維新（1868至1912年）期間已展開現代化。

日本的勝利揭露了中國帝國的衰微，而這一點歐洲先前還未曾察覺，「北京病夫」顯出垂死之態。對於當時代的觀察者來說，滿清帝國成為了另一個鄂圖曼帝國，列強將在此以「勢力範圍」之名，劃分保護國（Protectorat，指缺乏軍事、外交能力的國家或地區，受宗主國保護管束的從屬領地）區域。[7]

軍閥割據

1912年，清朝滅亡，在孫中山領導下，中華民國宣布成立。這位知識分子和政治家，至今仍讓人銘記在心。中國人引頸期盼的現代化發展終於吹響號角，但他們的希望旋即破滅，因為國家陷入一片混亂：軍閥割據、日本侵略和經濟崩潰接踵而至。

「百年屈辱」的歷史敘事將19世紀和20世紀的災難歸咎於「外國人」——主要為西方列強，但也包括了日本和沙皇俄國——及他們的中國「同謀」。這種敘事大大掩蓋了1949年中共掌權後，紛至沓來的悲劇和災難：如50年代的「反右運動」中被終身驅逐的數百萬人、「大躍進」（1958年至1960年）導致的數百萬餓殍、文化大革命（1966年至1976年）以及1989年天安門事件的受害者。

在中國，掌控和重寫歷史是至關重要的命題，因為這關乎當前中共領導人的合法性和權威。他們自稱是這段「波瀾不驚的歷史」的繼任者，僅承認在漫長道路上犯下些許「過失」。這種敘事使得中國人感覺，在那些恢復輝煌時代的人們帶領之下，他們重新連結了自身偉大的歷史。

> 「我們歐洲人自認為文明人，而在我們眼裡，中國人是野蠻人。而這就是文明對野蠻所做的惡行。」
> ——維克多・雨果
> 〈有關火燒圓明園事件〉

焦點

北京當局為了合理化在南海的領土主張，出具了一張舊式地圖，上面顯示一條橫跨大部分爭議海域的「九段線」。在菲律賓上訴海牙國際法庭常設仲裁法院之後，這項主張被判定不具效力。但這案件完美說明了，中國如何利用昔日威勢——即「百年屈辱」以及歐洲列強入侵之前的歷史，強化當今的地位。

要點

國民黨領袖、共產黨的勁敵蔣介石每天在他的私人日記中寫下「雪恥」兩字。這位曾經一度受到莫斯科支持、後來又受到美國人擁戴的「大元帥」，並未實現自身夢想，在內戰中敗給他的死敵毛澤東。他將帶著殘餘部隊退守福爾摩沙島（臺灣），並計畫著永遠不會成真的「反攻大陸」，最終吞下這份雙重的屈辱。

因不平等條約向外國人開放的中國通商口岸和城市

- 哈爾濱（俄羅斯、美國、德國、日本）
- 天津（英國、美國、法國、德國、奧匈帝國、義大利、日本、俄羅斯、比利時）
- 上海（英國、美國、法國）
- 武漢（英國、美國、德國、日本、俄羅斯）
- 寧波（英國）
- 廈門（英國）
- 廣州（英國、法國）
- 北海（英國、美國、德國、奧匈帝國、法國、義大利、葡萄牙、比利時）

● 主要外國租界

黃海　東海　南海

500 公里

3 中國現代化的長征

這是一群學生在北京天安門前抗議的故事，他們揮舞布條，以歌聲激勵勇氣。但這並不是1989年的春天，而是1919年5月4日，數千名年輕人和知識分子身在中國首都的中心，抗議著在千里之外的凡爾賽所簽下的不平等條約。

這即是所謂的「五四運動」，標示中國歷史的嶄新篇章，「象徵國家進入現代化」。[8]

清朝在七年前已經「崩塌」，當時由北洋政府統治的中華民國卻遲遲未能兌現其承諾。但最重要的是，第一次世界大戰的戰勝國，決定不把德國在山東的領土歸還中國，而是轉給日本。其中包含了青島港，以「青島」命名的啤酒品牌也當時德國釀酒商有關聯，如今聞名世界。

「德先生」

約有3000名學生憤怒地宣告：「中國的土地可以征服而不可以斷送！中國的人民可以殺戮而不可以低頭！國亡了，同胞起來呀！」這個口號首先是出自民族主義和愛國主義的精神，但這些持進步論的學生也代表了一種反動，在他們眼中，保守主義和諸多傳統阻礙了中國的發展。為了棄絕這些舊思想，他們認為中國應該擁抱和「賽先生」和「德先生」（取用科學和民主的英文讀音）——這是知識分子

陳獨秀的名句，他隨後加入了新成立的中國共產黨。然而，某些知識分子，如在1918年和1919年身在巴黎的梁啟超（1873年至1929年），對於旅行所見的西方「模式」已經感到失望。

一個世紀之後，中國確實擁抱了科學，但它始終未踏上民主的道路。儘管它在歷史上曾經多番嘗試，卻總是落空。其現任領導人甚至認為可以拋棄民主，支持所謂的威權式現代化，毋需遭到反對的風險。

1919年的學生確實籠罩在一股「中國陰影」之下，難以捉摸，甚至無法定義。整個20世紀，這個曾被稱作「東亞病夫」的中國，一直尋覓著它缺乏的現代性，既為了洗刷上世紀的恥辱，也為了躋身先進國家之列。

在這場追求現代化的過程中，部分「五四」運動的知識分子將共產主義和解放思想合為一爐，並在兩年後加入共產黨。創黨地點位於上海法租界一間寓所，出席者包含兩名共產國際（Komintern）代表，其總部設在莫斯科。在近七年的時間裡，這個黨派主導了中國現代化的追求、實現經濟起飛，但在政治上從不讓步。

第五次現代化

1978年，毛澤東的繼任者鄧小平提出了國家的四個現代化目標：「工業、農業、科技和國防」。隨即，北京的「民主牆」貼出了一張「大字報」，呼籲「第五個現代化」：民主化。署名者為前紅衛兵、後來成為異議人士的魏京生，他因此遭受多年的牢獄之災，從此流亡海外，再也沒踏進國門。

1989年，這個訴求化成以塑膠和石膏拼裝的自由女神像重新現身，豎立在天安門前，並遭到坦克碾壓。在2008年，再度出現了主張中國民主化的宣言——「零八憲章」，其發起人劉曉波因而入獄，直到2017年去世為止。

每一次，中共領導人都粉碎了民主的縹緲希望，不曾讓它威脅現存的威權體制。然而，在「五四運動」過去了一個世紀之後，誰又能保證「德先生」不會捲土重來呢？

> 「百花齊放，百家爭鳴。」——1957年，毛澤東發起這個口號，鼓勵言論自由，隨後又加以鎮壓。

第一部　十大重要觀點　017

焦點

儘管北京當局對於「民主」一詞有自己的定義，不過它的勁敵——臺灣，證明了民主和中華世界並不見得毫無交集。自從達成民主化以來，臺灣經歷了三次選舉後的政黨輪替、擁有新聞自由、毫無政治犯並尊重宗教自由。當然，這樣的民主體制是奠基於2400萬個居民、而非13億人口之上，但中國民主派認為，臺灣是否定一切文化研究方法論的先例。

要點

民主的發展是否仰賴人均所得？某些觀察研究提出此一假設，甚至大膽預測一旦中國人均所得突破一萬美元大關，中國將達成民主化，現在正往這一門檻邁進。但是中共意圖推翻這個並非鐵律的理論，指出收入高過此門檻的中國中產階級，現今對民主訴求幾乎無動於衷，並且認同「社會穩定對經濟成長有其必要」的官方說詞。

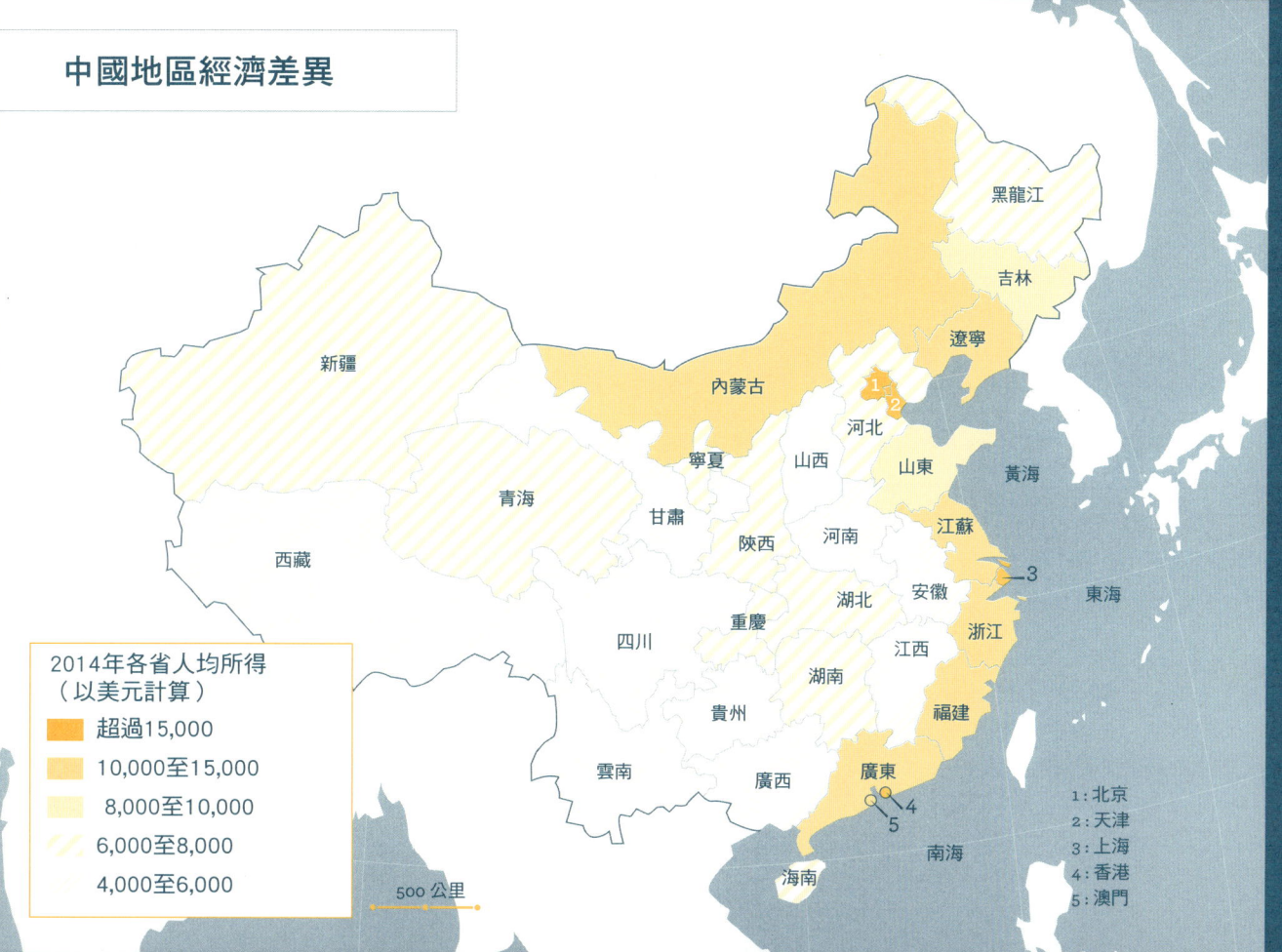

4
孔子——今與昔

2013年,習近平被任命為中國共產黨領導人,沒多久他便前往了曲阜。這座城市位在山東省,是2500多年前孔子的誕生之地。習近平也曾提出:「國無德不興,人無德不立」的說法。

要理解此次參訪及這句話的非凡意義,需要回溯十幾年前、毛澤東時代的情況。在1973年,這位偉大舵手(Grand Timonier)及其妻子江青發起了一場大規模的「批孔」運動,即批評孔夫子。他的名字跟毛澤東的第一繼任者、也是背叛者林彪牽連在一起。「批林批孔」,即反對林彪、反對孔子,毛澤東的大群忠誠擁護者大聲齊呼著。根據毛派的說法,儒家政治本質上即是要恢復舊有的統治階級。[9]

於是毛澤東加入了摧毀聖賢的綿延隊伍,把中國落後西方列強和日本的責任歸咎孔子。早在1919年,五四運動的學生便希望以「賽先生、德先生」來對抗儒家學說。

在「批林批孔」落幕的40年後,毛澤東的繼任者習近平前往曲阜,宣揚儒家道德的優點,這表明共產黨多麼懂得在意識形態的延續和實用主義之間展現靈活手腕,又能在需要時,背棄參與過的「5月4日」的現代主義傳統。

替代的意識形態

儒家思想無疑成為了替代或互補型意識形態，這個黨越來越難以說服中國人民接受威信掃地的馬克思列寧主義。毛澤東去世後，中國走向開放，經濟政策越來越明顯轉向資本主義，使得影響力日益減弱的中共需要汲取其他資源，鞏固意識形態。

因此，除了「復興」正統儒家思想，還帶有一層政治工具化的意義：比起前幾任領導人，習近平更傾向選擇追憶這位至聖先師（生於西元前551年，歿於西元前479年），以重建一種——從他的解讀來看——完美符合當前所需的傳統價值準則。這種復興於是抹上了「劫持的意識形態」色彩。[10] 但中國政府確實打算把儒學復興引導成一種對威權的詮釋，僅保留其階級觀念、敬重長輩和孝道。在中國境外普遍的共識是，這種新儒家思想很可能以中國本土文明根源的民族認同為名義，反對普世人權和民主建設。[11]

歷史學家指出，孔子既不是先知，也不是宗教創立者，更不是西方人眼中的哲學家。他同蘇格拉底一樣，身後無著作傳世，只能透過由弟子轉述記載而成的《論語》，理解其思想。因此歷史上關於孔子學說的詮釋不可勝數，這些過多的解讀只是讓他的思想更晦澀難懂，無益於釐清，甚至隨著不同的追求目標而遭到扭曲。

價值準則

因此，儒家思想在中國蔚為風潮。譬如，相當於法國文化協會（推廣法語、法國文化的非營利組織）的中國機構，被命名為「孔子學院」；父母致力在家中跟孩子灌輸傳統價值、一些夫妻按照儒家禮儀結婚，甚至促成古典儒家學校興起。統治階層則藉由孔子褒揚民族文化根源，對抗西方的普世價值。

矛盾的是，儘管將儒家思想變成真正的國教，或說道德準則，中國共產黨依舊強化針對幹部、甚至所有菁英的意識形態教育。在大學中，馬克思主義考不及格會在個人檔案留下污點，不論是否為共產黨員。這樣的「落差」也許會把孔子逗樂，因為他一向認為知識分子有道德責任批評當權者的錯誤，反對他們濫用職權，即使必須付出生命的代價。

> 「政者，正也，子帥以正，孰敢不正？」
> ——《論語》

焦點

在習近平之前，儒家思想一開始是以電視形式復興。2006年，一位名不見經傳的北京師範大學教授于丹，被選中主持一檔經過高層批准的電視節目，專門介紹這位曲阜的古聖先賢，結果大獲成功。她的作品翻譯出版至全世界，將這股熱潮推波助瀾，儘管專家們對她的作品不屑一顧，但歷史將記住她為儒家復興鋪平的康莊大道，後者在這個過程中大為受益。

要點

曲阜——這位於山東省的「孔子」（即孔夫子）故鄉，近年由於大眾重新開始崇拜這位古代聖賢，經濟逐漸繁盛。跟湖南韶山有點像，打著毛澤東出生地的名氣吸金。孔廟的商販毫不遮掩意圖，因為他們很有可能自己也是孔子的後裔：已知並列入孔子族譜的人數計有200萬，而根據其他資料來源，很有可能高達300萬……

5
後毛時代的中國共產黨

中國共產黨於 1921 年 6 月 30 日誕生於上海法租界的一棟寓所。12 名代表參加了這次會議,還有兩名來自共產國際(其總部設在莫斯科,新的蘇聯首都)的特使也參加了會議。在那棟紅磚小屋裡打造的博物場館中,可以看到毛澤東仿若領袖般,站著向他的同志演說的場景。但那時未來中華人民共和國的締造者還不是黨的領袖,只在會議中扮演了一介無名小卒。

毛澤東實際上是從 1935 年開始(官方時間則是 1945 年),於延安的「革命根據地」領導中國共產黨,那是他在長征(1934 年至 1935 年)結束後駐紮的地方,當時共產黨軍隊在國民黨軍隊的推進下逃亡。毛澤東在隨後的抗日戰爭和內戰中獲勝後,於 1949 年 10 月 1 日在天安門城樓上宣布成立中華人民共和國。70 多年後,毛澤東的畫像仍然高懸在前往故宮的通道上。

改革與開放

毛澤東主宰了中國共產黨的歷史,直到 1976 年 9 月 9 日去世為止。經歷了一段動盪的權力交棒後,文化大革命的受害者——鄧小平,成功上任並推行更務實的「改革與開放」政策。

中共對毛澤東「七分功,三分過」的評價,正是出自鄧小平之

口，過失的部分可以讓中國共產黨卸責到大躍進等災難上。然而，鄧小平也決定保留對毛澤東崇拜，用於鞏固共產黨的歷史合法性，宣揚抗日戰爭、創建中華人民共和國、核武器和中國重返國際舞台等成就。

同時，「小舵手」鄧小平（是相對於與「偉大舵手」毛澤東的暱稱，也是因為鄧身段矮小之故），致力終結毛澤東時代的特色：一人掌權、個人崇拜和派系鬥爭。1989年春天的天安門學運，是繼毛澤東時代之後最嚴重的危機，當時鄧小平雖已年邁並退居幕後，仍舊重返了政治舞台。在政權強硬派的鼓動下，他下令在1989年6月4日以武力驅散學生，解除總書記趙紫陽的職務。[12]

他選擇「上海幫」領袖江澤民替任，並在十年之後，指定胡錦濤為接班人。為避免重蹈毛澤東時代的覆轍，鄧小平將總書記的任期限制為兩屆、一任五年。總書記同時兼任國家主席和中央軍事委員會主席，從此成為軍隊的最高領袖。

> 8779萬，這是2017年中國共產黨黨員人數，在十年內新增了2700萬黨員。

太子黨

這個由鄧小平設計的架構，在2002年胡錦濤接任時運作良好。但由於一樁牽扯未來領導人的政治司法事件，使得胡的繼任過程更加複雜：最高職位的候選人之一、重慶市委書記薄熙來因貪污案被捕。他是毛澤東的親密戰友薄一波之子，自認夠格上位，但有另一位「紅二代」阻礙了他去路：習近平，毛澤東的另一名戰友習仲勛之子。習近平在2012年成為中國最高領袖，在2017年中共第十九次全國代表大會上續任，任期五年，並接著取消兩屆的任期限制，顯示出他對權力的全面掌控。

毛澤東去世40年後，對中國共產黨的生活產生重大影響，牢牢控制著權力，即使他的後繼者們聲稱繼承了他的理念，但實際上實行的政策卻大相逕庭。毛澤東依然是權力合法性的基礎，為此中共不惜嚴重扭曲歷史，努力掩蓋「偉大舵手」的可怕陰暗面。

焦點

在毛澤東時代，他們被稱為「中共八大元老」：中國共產黨中央政治局常務委員會的成員，掌握中華人民共和國內的最高權力，直至今日都是如此。中國共產黨全國代表大會每五年舉行一次，每屆結束時會宣布常務委員會的組成成員。當總書記伴隨著其他成員，按位階順序登場時，名單便會公布。此前委員會有九位成員，現為七位。

要點

中國最高領導人擁有三個「頭銜」：中國共產黨總書記（一切權力都源於此）、中華人民共和國主席（在國際上受認可），以及較不為人知，但同樣重要的中央軍事委員會主席（此職位賦予他對武裝力量的控制權，後者是效忠黨而非國家）。這三個職位集中於一個領導人身上，使他對黨和國家的所有機構擁有絕對的權力。

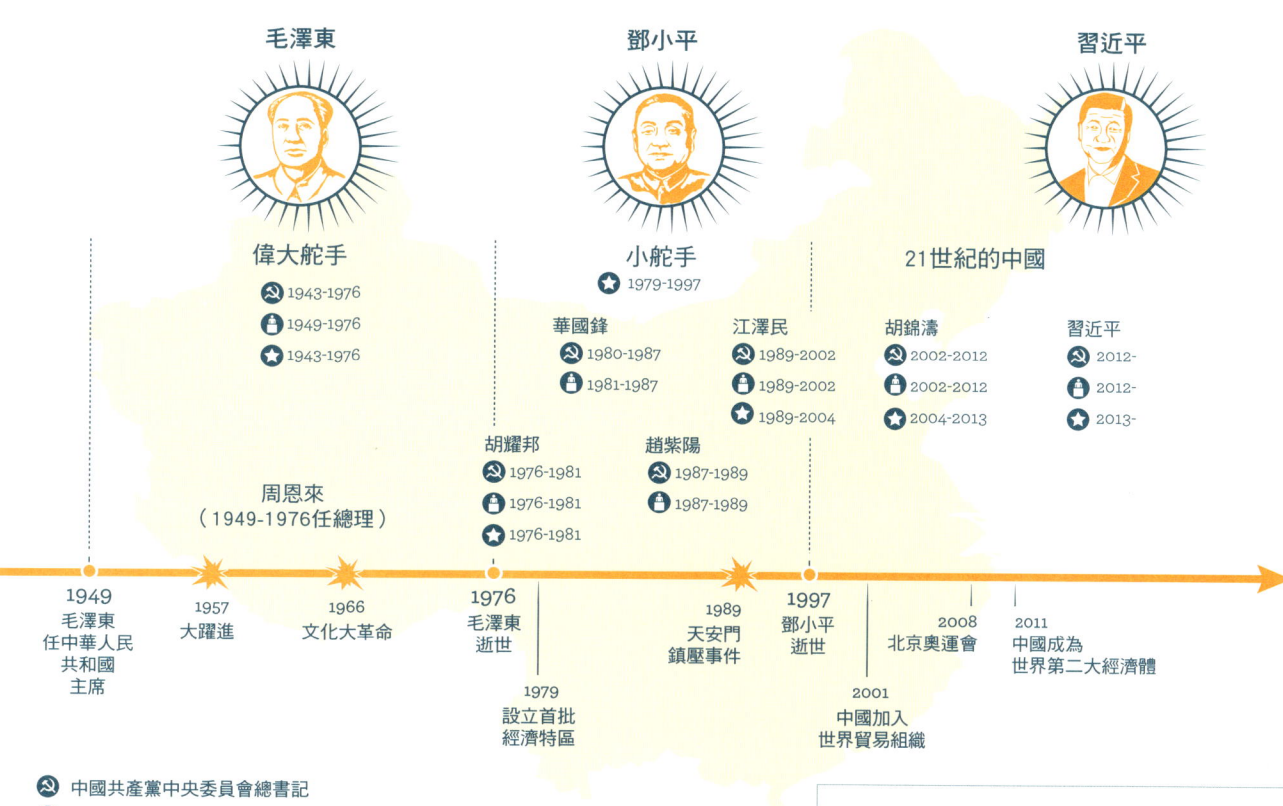

6 步上神壇的習近平

不論在中國境內或境外，我們是否都低估了習近平的能耐？確實，無人預料得到，當他在 2012 年攀上權力頂峰時，這位新的領導人會成為自毛澤東以來權力最大的中國領導人。在 2017 秋天的中共第十九次全國代表大會上，這一地位受到認可，開啟他第二次的五年任期；然而，會上卻沒有為他指定接班人，打破了過去 20 年的慣例。隨後，習近平修改憲法取消任期制，讓他終身握有大權。

值得一提的是，當他成為胡錦濤指定的下任領導人時，他迫於保持沈默，如履薄冰。在他登上大位之前，從不曾流露一絲意圖。只有他的年齡——上任時 59 歲——及他的高學歷，引起眾人大膽預測他可能是改革派甚至自由派。

有幾個特點可以解釋，習近平在第一個五年任期內，如何成為握有強權而排他的人物。首先，他是第一個晉升至中共最高職位的「紅二代」——即在毛澤東時代擔任領導幹部的子女。這代表在 21 世紀的中國，領導人具有「良好的階級出身」，即農民、工人或士兵，已不再是必要條件。習近平之父習仲勳在 1930 年代參與長征，是毛澤東時代的傳奇建國元勛。然而，1962 年，習仲勳遭「整肅清洗」，被指控涉及「反黨」陰謀。在接下來的 15 年裡，他被囚禁、邊緣化和迫害。直到鄧小平為他平反，並在毛澤東去世後讓他成為政治局委員。

菁英政治

他的兒子習近平依循經典的幹部晉升路線，跨越層層關卡，先後在貧困地區任職，建立支持和保護自己的人脈網路。習近平於是具備菁英及中國「權貴後代」的雙重背景，這一事實使得習近平永遠不會成為定義上的「中國的戈巴契夫」，亦即是，冒著瓦解一切的風險，從內部改革體制。

2012，習近平登上頂峰，收攏所有大權，打破了鄧小平希望維持的集體領導，被稱為「全能主席」（Président de tout）。在執行這項權力的過程中，胡錦濤原先希望任命的接班人——總理李克強被邊緣化，而對於習近平忠心不二的幹部，像是負責反貪腐的王岐山，則漁翁得利，之後在 2018 年成為副主席。

> 「黨員和幹部必須堅定地信仰馬克思主義和共產主義。」
> ——習近平

最後一點，習近平塑造了自毛澤東時代以來前所未見的個人崇拜，有時甚至是幼稚的卡漫畫，或歌頌「習大大和彭麻麻」的饒舌歌，也是自毛以來第一次將主席夫人跟對主席的崇拜結合在一起。

習近平思想

這種個人崇拜體現在 2017 年中共第十九次全國代表大會上，大會將「習近平新時代中國特色社會主義思想」寫入黨章。

伴隨這一絕對權力而來的，是清除黨內外異己，呈現十多年來前所未見的政治強硬手腕。無論是從重要高官如薄熙來和孫政才的落馬，以及北京當局放任諾貝爾和平獎得主、不屈服外界壓力的異見人士劉曉波死於獄中，此現象都可見一班。

於是，習近平大權獨攬地邁入第二個任期，在他身後有一個（因恐懼或信仰）團結的黨派，及一個受到嚴密操控的國家——透過宣傳、清除大量公民社會及潛在反對勢力等手段。他利用這些權力，試圖解決中國境內面臨的諸多挑戰，同時確保中國在科技領域和國際舞台上的優勢地位。

為此，習近平選擇了一條威權主義路線，與曾經希望他是自由改革派的那群人背道而馳。習近平依恃國家在共產黨推動下呈現「小康」榮景，因此默許他的行為。他承諾在未來幾年、直至 2049 年政權百年慶典，要打造一個「社會主義、現代化、繁榮和強大的國家」。這個「社會契約」要求人民給予的回報是，別來干涉黨的政治事務。

焦點

習近平在塑造形象上有張王牌：其妻子彭麗媛。這位中國第一夫人是明星，前解放軍紅牌歌手，時常出現在螢光幕前。在習近平結束了第一段指配的婚姻後，彭麗媛成為他的妻子。她與前幾任領導人的配偶形成強烈對比——後者大多出身微寒，在公眾面前保持低調；而上一任有著鮮明性格的第一夫人，必須一路回溯至毛澤東的最後一任妻子：令人畏懼的江青。

要點

2017 年 7 月，一本關於中國最高領導人的演講論文集在北京出版，題名為《習近平新時代中國特色社會主義思想》。序言指出，「中國需要能產生新思想和創造新成就的英雄，如同毛澤東、鄧小平和習近平一樣的英雄。」因此，習近平被拿來與中共歷史上已故的兩位巨擘相提並論，忽視過去幾十年來所有執政者的貢獻。這一敘事無疑顯現出習近平在黨內擁有極大的權力。

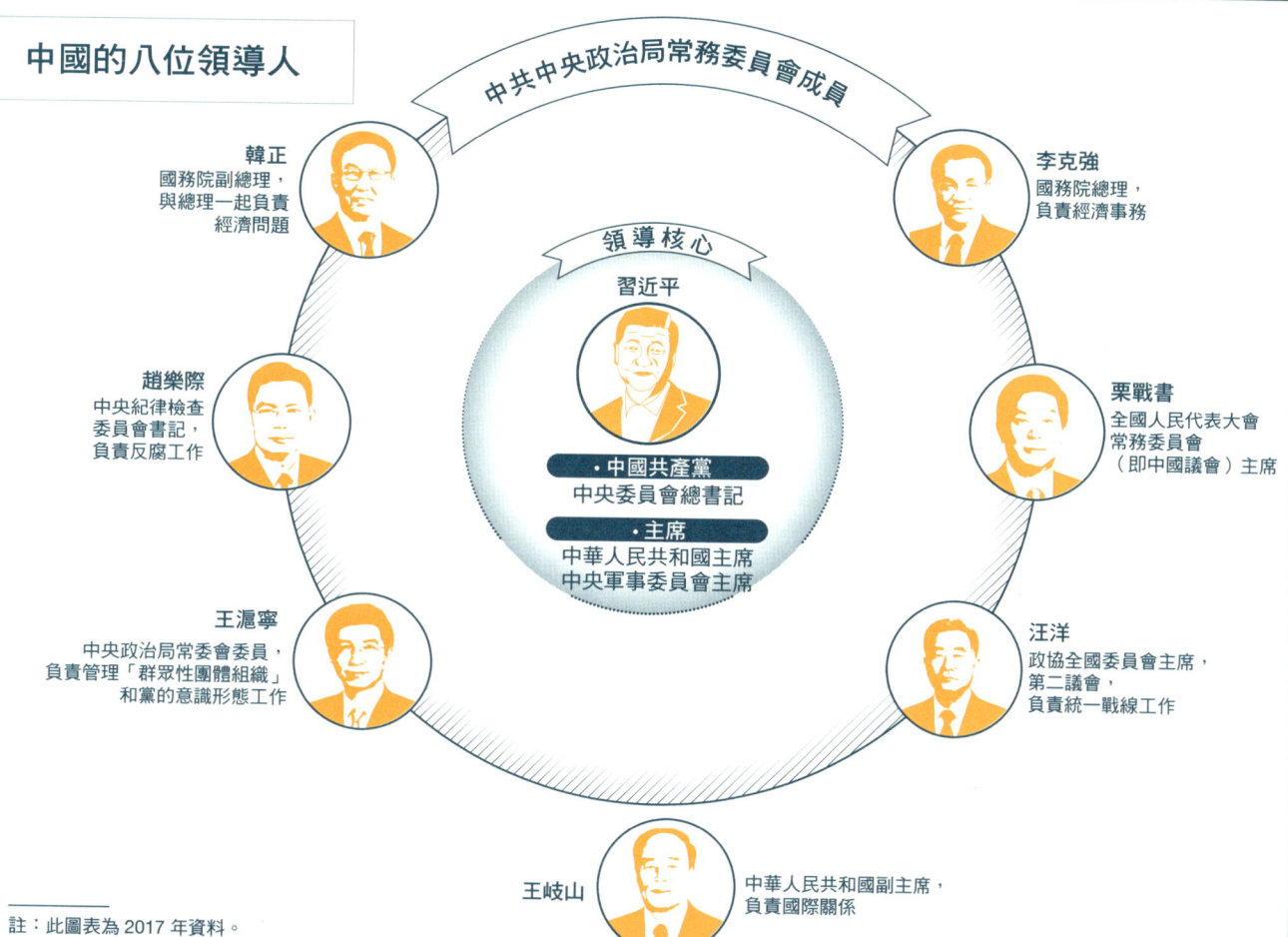

7 中產階級的崛起

1976年毛澤東去世時，中國社會與人民共和國創始人的願景一致：平等主義、集體主義，黨和國家在生活的方方面面——即使是私人領域，都扮演著核心要角。當時社會結構很簡單。公民屬於三個受認可的階層的其中之一：一）農民，佔絕大多數；二）工人和職員，為城市人口的主要核心；三）知識分子階層。一些分析人員加上了第四層級：政治領導，相當於蘇聯所稱的「黨管幹部」（Nomenklatura）。[13]

這一結構是毛澤東計畫實施30年來的成果，在創始人去世後不復存在。19679年由鄧小平發起的「改革開放」政策，將深刻改變中國社會。

2002年，中國社會科學院（CASS）從20多年改革經驗汲取教訓，發表了一項研究，首次嘗試重新定義中國的社會階層。

十個社會階層

學院納入許多考量，將三個階層擴大成十個階層，包括出現私人企業家——「白領」，以及首次

> 經過30年的社會轉型，中國變成貧富不均的國家：最富有的1%人口控制著全國三分之一的財富。

登場的「無業」人士、即失業者，這一類別在毛澤東時代是萬萬不可想像，但在1990和2000年代隨著產業重組而冒出。

根據學院的研究，中國在21世紀初的十個社會階層如下：
・黨和行政機關的領導幹部，享有相當多的優勢
・公營和國有企業的經理人，他們既不是業主，也不像前類一樣身為領導幹部，但也擁有相當大的權力
・私人企業主
・成為核心中樞的技術人員。對中國研究人員來說，這是中產階級之中最穩定及最富代表性的群體
・辦事人員：即白領，這一中間地帶吸納了工人和職員的下一代，以及上層階級學業失敗的子女[14]
・個體工商戶，獨自或與家庭一起工作的人
・商業服務業人員，在所謂低階產業、城市化的類別中名列前茅
・產業工人，無論是傳統型工人——此類別越來越少；抑或是民工
・農民，由於大量中國農村人口外流而日益漸少
・無業者，即各種類的失業人士

對於中國研究人員來說，這場深刻轉變的主因，是由於毛澤東時代阻礙階級流動的制度遭到瓦解。尤其是戶籍制度的改革，這一身分證件將人區分為城市或農業人口，並決定每個人有權居住或工作的地方。

中產階級

在這諸多的深入思考中，中國中產階級的崛起佔據了核心位置，即使在中國社會科學院研究中沒有明確使用此一詞。這是從2000年代初以來在學術界、政治界和經濟界之間探討得最多的概念，它是許多關於中國制度和社會演變的分析基礎。

中共考量到了這一社會發展，因此將新興中產階級——約佔中國人口的15％至20％，作為政權的社會基礎。雖然按照其正統意識形態，應該優先考量工人或農民階級的利益。

1990年代至2002年的中國領導人江澤民，是首位將這個社會變遷理論化的領導人，他提出「三個代表」想法，認為黨應該代表全體人民。於是他敲開了中共的大門，迎接新的中國私人企業家和資本家。

在今日任何的政治動盪中，中產階級都有可能「賠上一些代價」，這種感受使他們趨向「政治保守主義」和追求穩定。

因此，中共成功地駁斥了政治理論所認為的，「中產階級的崛起將引起民主化和自由化的訴求」，這情形並未發生。

焦點

　　中國訂下目標，到 2020 年要實現「小康社會」——即消除貧困、使中產階級成為國家多數的社會。2017 年 10 月的中共第十九次全國代表大會上，習近平主席再度表明達成此目標的決心。最早提出這一方向的，是「後毛時代」的領導人鄧小平，不過他並沒有設定實現的日期，畢竟在 1980 年代初期這目標看起來還遙不可及。

要點

　　中國可以自豪地說，在過去 30 年裡，它讓數億人擺脫極度貧困。「中國在脫貧方面付出的努力，名列世界第一。」《經濟學人》2017 年 1 月如此寫道。根據官方標準，2017 年「只有」4700 萬人生活在貧困門檻以下，如果採用世界銀行的標準，這一比例將低於總人口的 10%。

中國社會結構：今與昔

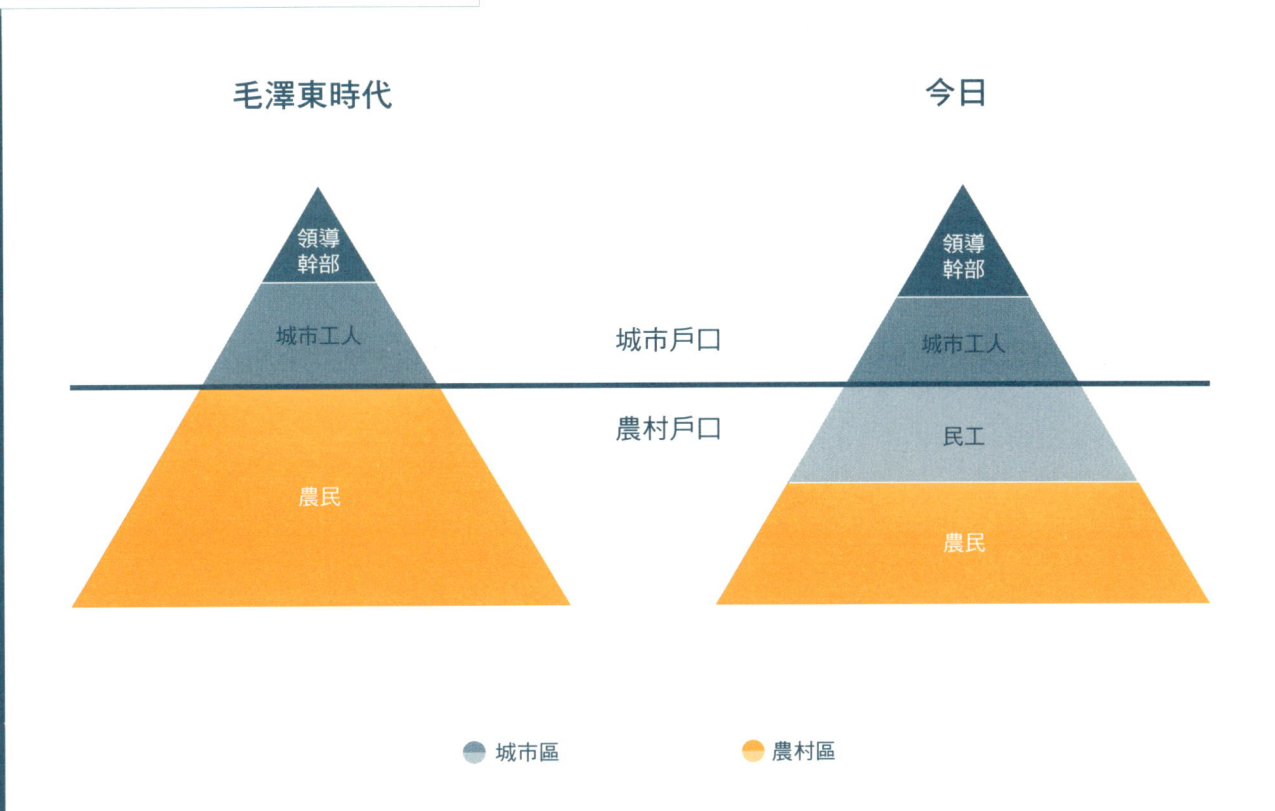

毛澤東時代

- 領導幹部
- 城市工人
- 農民

城市戶口
農村戶口

今日

- 領導幹部
- 城市工人
- 民工
- 農民

● 城市區　　● 農村區

8
病入膏肓的政治貪腐

　　2012年，中國最高領導人胡錦濤在最後一席談話上，提出警告：「反腐敗這個問題解決不好，就會對黨造成致命傷害。〔……〕整個黨必須警鐘長鳴，認清打擊貪腐的長期複雜性和困難，必須堅定不移反對腐敗，永保共產黨人清正廉潔的政治本色。」

　　自毛澤東時代結束以來，貪腐是伴隨中國經濟崛起而來的弊端之一，正如鄧小平在1980年代初期打出「讓一部分人先富起來」的口號，此現象是必然的結果。

　　黨內的領導幹部，不論任何層級都假借此口號，以權謀私，或按慣用說法──「下海」，即透過私有化或自行創業的方式，投入私營部門牟利。「這個國家盛行一股『劣幣驅逐良幣』的風氣」。[15]

　　過去十年來，這一現象達到了警戒線，迫使政府進行反貪腐──或說予以這樣的印象。整肅結果相當慘重：超過100萬名行政或政治幹部落馬，有些甚至遭判死刑並受處決，當中包括一些高官。

老虎和蒼蠅

　　在中國，有所謂的「老虎」和「蒼蠅」。「老虎」指因貪腐而下台的權勢人物；「蒼蠅」則是中間及基層的官員，其貪贓枉法直接影響民眾生活。

　　社群網路報導著「老虎」和「蒼蠅」的下台，揭露的細節有時令人咋舌：無限上綱的斂財、將軍變賣官職、伴隨鉅額合約的收賄、

海外賬戶和別墅、情婦等。

最高層的人物皆未能倖免。前中國安全部門負責人周永康，從 2007 年到 2012 年任中共中央政治局常委，因「貪腐、濫用職權和故意洩露國家機密」被判刑；胡錦濤的主要顧問令計畫因接受千萬歐元賄賂於 2016 年被判無期徒刑。該案件爆發的同時，其子在一場法拉利車禍中燒死，車上還載有兩名裸女……這位父親企圖文過飾非。中共中央軍委 11 名成員之一、負責監督武裝部隊的張陽將軍於 2017 年 11 月在被指控貪腐後自殺身亡。

薄熙來的倒台

這些例子不勝枚舉。最為人熟知的，莫過於前重慶市市長薄熙來的貪污案，他曾覬覦中共總書記一職，並在 2011 年落馬。薄熙來是毛澤東「英雄」時代的親信薄一波之子，他以其極左立場和重振文革文化的方式、為重慶市懲腐而聞名於世，但他以令人驚愕的方式跌落政壇。當時他的左右手曾試圖攜帶對薄熙來不利的文件逃往美國駐成都領事館，後來向國家當局自首。他的妻子被指控謀殺了一名英國商人，龐大財產遭公諸於世，包括在蔚藍海岸的一棟別墅。薄熙來判終身監禁，而其妻子的死刑判決被減為無期徒刑。

問題在於，這些的反腐運動是否達到效益，以及是否毫無私心──即目的不只是為了剷除競爭對手。針對這兩點，學者裴敏欣回應道：「若要評估，我會說六成是出於政治因素，四成是出於反腐的需要。因此，這次運動只是觸及問題的表面，並未真正探究腐敗的根源。」[16] 亦即國家和黨在經濟上施加影響力的結構性因素。

習近平希望向民意呈現自己打貪的「清官廉吏」一面，雖然他的一些親信在 2016 年國際媒體調查的「巴拿馬文件」中遭到點名。然而，即使有「老虎」倒台，部分中國民眾仍然抱持懷疑。

> 第七十九名，這是非政府的國際透明組織（Transparency International）在 2016 年公布的中國清廉印象指數（Corruption Perception Index）排名。

焦點

在習近平主席的第一個任期內，他將打貪的責任委託給王岐山。後者擔任共產黨紀律檢查委員會書記（2012 至 2017 年），被批評為「共產主義僧侶」，在調查中雷厲風行。媒體多次報導他「消失」，隨後又看到他帶著新的「老虎」（高階官員）名單再度亮相。在他「退休」前的最後一次成功行動中，抓獲了重慶市委書記孫政才，後者本有可能成為習近平的接班人，但在第十九次全國代表大會前夕被「拿下」。

要點

《人民的名義》是一部讚揚中國打擊貪腐的電視劇，在 2017 年取得前所未有的成功。這部劇由最高人民檢察院──中國司法的「武裝力量」聯合製作，偶爾被拿來跟美國影集《紙牌屋》相互比較。該劇赤裸裸地描述某些黨內高層的腐敗，詳細呈現他們累積的財富，並間接地襯托出領導人在掃蕩非法致富的廉潔。

2012年習近平上台後反貪腐案件數量的增長趨勢

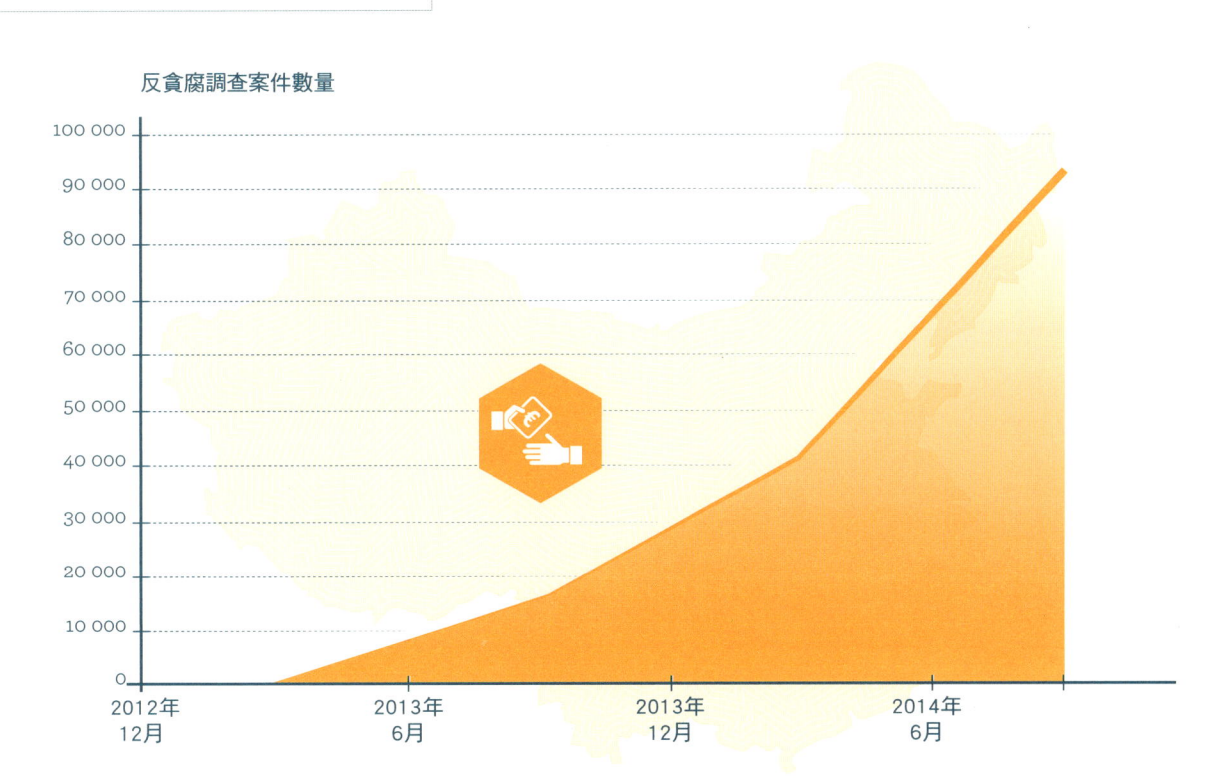

反貪腐調查案件數量

100 000	
90 000	
80 000	
70 000	
60 000	
50 000	
40 000	
30 000	
20 000	
10 000	
0	

2012年 12月　　2013年 6月　　2013年 12月　　2014年 6月

9 人權沙漠

2008年12月，一位中國知識分子——劉曉波發表了一份支持中國民主的宣言，最初由約300人簽署，隨後在接下來的幾周內，收集到近一萬份簽名。這份文件名為「零八憲章」，靈感來自於1977年，由捷克劇作家和未來總統瓦茨拉夫·哈維爾（Vaclav Havel）帶領其他異見人士共同制定的「七七憲章」。

但與瓦茨拉夫·哈維爾不同的是，劉曉波從未成為總統。他沒多久遭到逮捕，被指控「涉嫌煽動顛覆國家政權罪」，判11年徒刑。

2010年，劉曉波因其「長期以來以非暴力方式在中國爭取基本人權」而被授予諾貝爾和平獎。身陷囹圄的他不被允許前往奧斯陸領獎，他的詩人伴侶劉霞亦不受允。劉曉波最終未能服完刑期。2017年7月13日，61歲的他因肝癌去世，就在他剛獲准保外就醫的幾週之後。北京當局對外國政府的呼籲置若罔聞，不允許他離開中國接受治療，其骨灰在死後立即撒入大海。他的遺孀雖從未遭到任何指控，但在劉去世後的幾個月內她仍被禁止發言或出境中國。2018年7月，劉霞離開中國，前往柏林。

收緊政治控管

劉曉波，一位多次入獄、活躍於1979年「北京之春」的知識分子，他的命運說明了中國政權在一段相對放寬後的收緊控管。

自1976年毛澤東逝世及1978年「改革開放」初期以來，人權一直是關於中國發展的核心問題。

1978年12月5日，一位中國青年、文革期間的前紅衛兵魏京生，在北京天安門廣場附近的「民主牆」上張貼了大字報，發起「第五個現代化」的口號，以呼應鄧小平甫提出的「四個現代化」。對魏京生來說，「第五個現代化」應包括承認個人自由和實現民主。

魏京生為自己的信念付出龐大代價。1979年，他被判刑15年，1994年再次被判刑，最終在1997年被釋放並流放至美國。他為了自身信念，在獄中度過了共18年。

1980年代是相對開放的時期，隨著1989年6月4日的血腥鎮壓戛然而止。當時軍隊介入並驅逐已經佔領天安門廣場數週之久的學生，而廣場距離中國權力中心僅差一步之遙。

公民社會

2000年代初，北京當局仍然不容許絲毫反對政治的意見，但允許公民社會萌芽。於焉誕生了稱作「赤腳律師」的運動，致力捍衛邊緣人群的權利；非政府環保主義者、或是為愛滋病、消費者和為民工權利而奮鬥的協會和工會相繼出現，使中國社會呈現百花齊放的面貌。

2012年習近平上任後，終止了這段時期。2015年7月，超過200名律師被逮捕或傳喚，這是中國在拓展「依法治國」的道路上——正如黨的口號所宣示的那樣——採取的最大規模壓制行動之一。兩週後，他們幾乎全數被釋放。但已造成寒蟬效應：多名律師出現在電視上，他們「認罪」的方式仿若文革時期。大多數遭釋放的人簽署了一項不再為「敏感案件」辯護的承諾，拒絕簽署則代表吊銷執業證書。

這個例子說明了中共不打算任由「公民社會」發展下去，這一概念被認為過於「西方化」，可能是顛覆共產主義政權的「特洛伊木馬」。2013年4月中共發布了一份關於意識形態領域的「九號文件」（全名稱作「關於當前意識形態領域情況的通報」），指出需要對抗的「七大錯誤趨勢」，包括「公民社會」、「普世價值」、「西方憲政民主」、「西方新聞自由」等。

接續的情況證實了，無論是在權力的觀念及限制公民個人權利的層面上，中國都絲毫不打算讓步。

> 「中國特色社會主義法治體系日益完善，公眾對法治國家的意識也大為提高。」
> ——習近平

焦點

2014年，中國宣布終止「勞動教養所」，這是承襲毛澤東時代的一種制度，允許將任何可疑分子拘留，期限最長可達三年，僅需行政決定。頒布這一消息時，約有16萬人仍待在這些勞教所中，其中包括「反社會分子」、法輪功成員或普通的邊緣人群。然而，人權組織認為這一系統仍以其他形式持續存在。

要點

中國是全球頭號死刑執行國，每年執行的死刑人數超過世界其他國家總和。近年來，中國在控制上訴程序和限制死刑適用範圍方面有所進步，範圍縮減至大約40種罪行；因此，每年的處決人數，從十年前的每年一萬人以上，到了2010年代後，縮減為每年低於4000人。由於官方保密，確切的數字無法得知。

2016年世界各國死刑概況：中國居冠

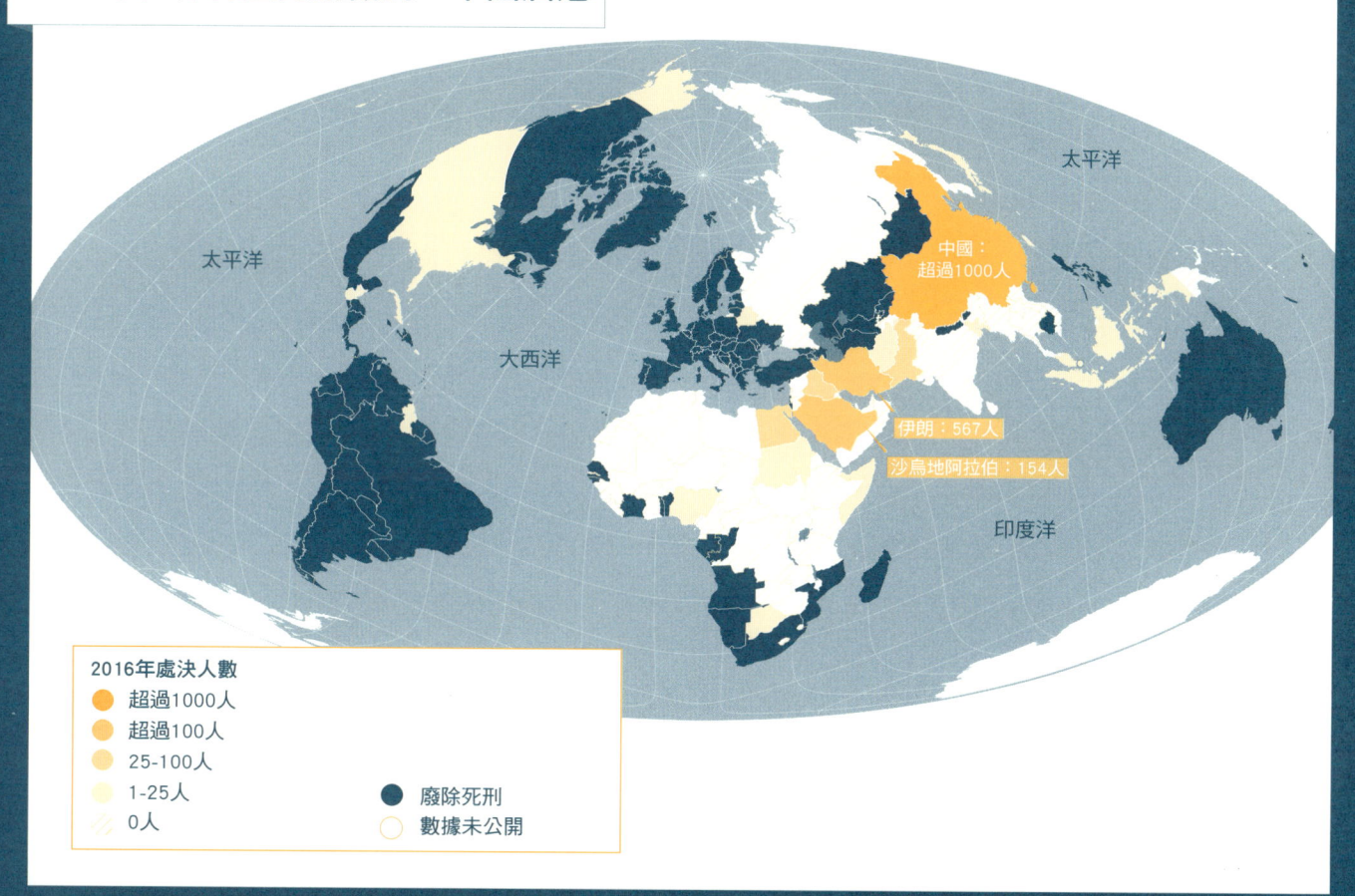

中國：超過1000人

伊朗：567人

沙烏地阿拉伯：154人

太平洋　大西洋　太平洋　印度洋

2016年處決人數
- 超過1000人
- 超過100人
- 25-100人
- 1-25人
- 0人
- 廢除死刑
- 數據未公開

10 景觀社會

　　1979年9月27日，一群中國藝術家在北京國家美術館外的柵欄上舉辦了一場未經許可的當代藝術展覽。由於作品遭到拆除，藝術家們展開了一場即興的抗議遊行。這是與毛澤東時代的現實主義社會主義的第一次決裂，也是中國藝術家們創作解放的開端。30年後，中國當代藝術家名列全球身價最高的藝術家其中；中國藝術市場蓬勃發展，不僅新生代財力雄厚的收藏家冒出頭，上百間私人美術館也在全中國遍地開花。中國政府雖然對此並無異議，仍密切監視藝術家們不跨過「紅線」，例如2011年被拘留、現居柏林的艾未未。

　　這樣的情形在電影界也無獨有偶。在1990和2000年代，並存兩種現象：一邊是國家製片、在官方院線上映的電影，進場觀眾寥寥無幾；另一邊是以錄影帶拍攝的地下電影，影像更激動人心、更具社會性，這些電影在坎城或威尼斯獲獎，但無緣在官方院線放映。

　　20年後，中國成為世界上最大的電影市場之一，放映大片的影廳座無虛席，甚至從前的地下電影大師如賈樟柯，也與審查機構達成某些協議，轉向了「合法」的一方。

文化產業

　　幾乎所有的藝術領域，都已經從20年前的供應貧乏轉變成創作過剩，以至於中國政府現在將「文化產業」作為拚經濟的第一優先。這並不代表中共的控制變得較為寬鬆，或者放棄其特有的吹毛求疵的審查制度；這是由於中產階級的崛起、加速的都市化和中國經濟

的迅速發展，使社會急遽轉變，而中國懂得因時制宜。

中國文化產業的興盛，實際上充分表現了中共在面對始料未及也不期望的事務上，見風轉舵並從中獲益的能力。

當代藝術即是很好的一例。因為，在1979年這場奠定基礎的展覽之後，藝術家們只能在北京郊區的「村落」過著邊緣的生活，無法展示他們的作品。藝術家們有時會拿黨的規章開玩笑：在畫中以可口可樂罐替代小紅書，亦或把榮耀無產階級的紀念雕像扭曲成來自「世界工廠」生產線的一系列殘疾人士。1999年，這些藝術家的作品首次亮相於威尼斯雙年展——這是全球藝術圈最重要的盛事之一。北京並不是幕後推手：這場展覽是由一位瑞士收藏家促成，轟動一時。中國政府感到憤怒，直到他們意識到國際媒體讚揚著中國藝術的「現代性」，而政權並未因此削弱或受到威脅。

「中國，怎麼樣？」

四年後，中國政府首度資助了一場當代藝術展覽，這次的展覽地點為巴黎龐畢度中心，題名「中國，怎麼樣？」。當代藝術從邊緣的位置，逐漸嶄露頭角，被中國納入軟實力的一環，並隨著中國藝術市場的崛起，佔據了經濟和股市領域。中共並未決定或計畫這一切，但懂得從中汲取龐大利益，並且順帶地平息藝術家們的不滿憤慨——因為後者從一貧如洗到一夜暴富。

今天，文化產業由大型國有或私人集團掌控——如萬達、騰訊、復星等，他們有足夠的經濟利益，不會想向中國政府找事端。

正如中國研究學者藍可（Emmanuel Lincot）所指出：「市場非但不是制衡政府主導的力量，相反的，它是發展的基礎，因為這是由政府發起和推動的。藝術社會領域的變化，反映出其他社會領域在中國政經格局中的變化。政治壟斷和市場並不互相抵觸，反而相輔相成，共同架構出一個限制和規範並存的特有框架。在這種背景下，藝術和文化就像其他行業一樣。」[17]，換句話說，中國的「景觀社會*」扮演著實現「中國夢」的重要角色。

> 「要支持國有文化企業輸出產品到國際市場，以維護文化安全。」
> ——中共幹部胡惠林，2007年

焦點

　　隨著中產階級的崛起，休閒產業也開始勃興。象徵此一發展變化的，是 2015 年中國私人企業復星集團對地中海俱樂部（Clud Med）的收購──這是法國輝煌 30 年（Les Trente Glorieuses，1945 年至 1975 年法國經濟成長時期）致力開發休旅活動的代表企業。復星集團由企業家郭廣昌於上海創立，同時持有加拿大魁北克太陽馬戲團（Cirque du Soleil）和旅行社湯瑪斯庫克集團（Thomas Cook）的股份。為了因應國內旅遊業的增長，地中海俱樂部在中國興建了數個夏季和冬季度假村。

* 註：景觀社會為以影像和商品消費為中心的社會。

要點

　　中國引頸期盼的諾貝爾文學獎，終於在 2012 年頒給了著作甚豐的小說家莫言──《紅高粱家族》和《酒國》的作者。2000 年，這一獎項頒給了入籍法國的中國作家高行健，後者的小說在中國已經遍尋不著。然而，莫言的獲獎引爆了爭議──他公開為中國的文學審查制度作出辯護，這讓遭到審查的同行和言論自由的支持者感到憤慨。

中國藝術品市場在全球居冠

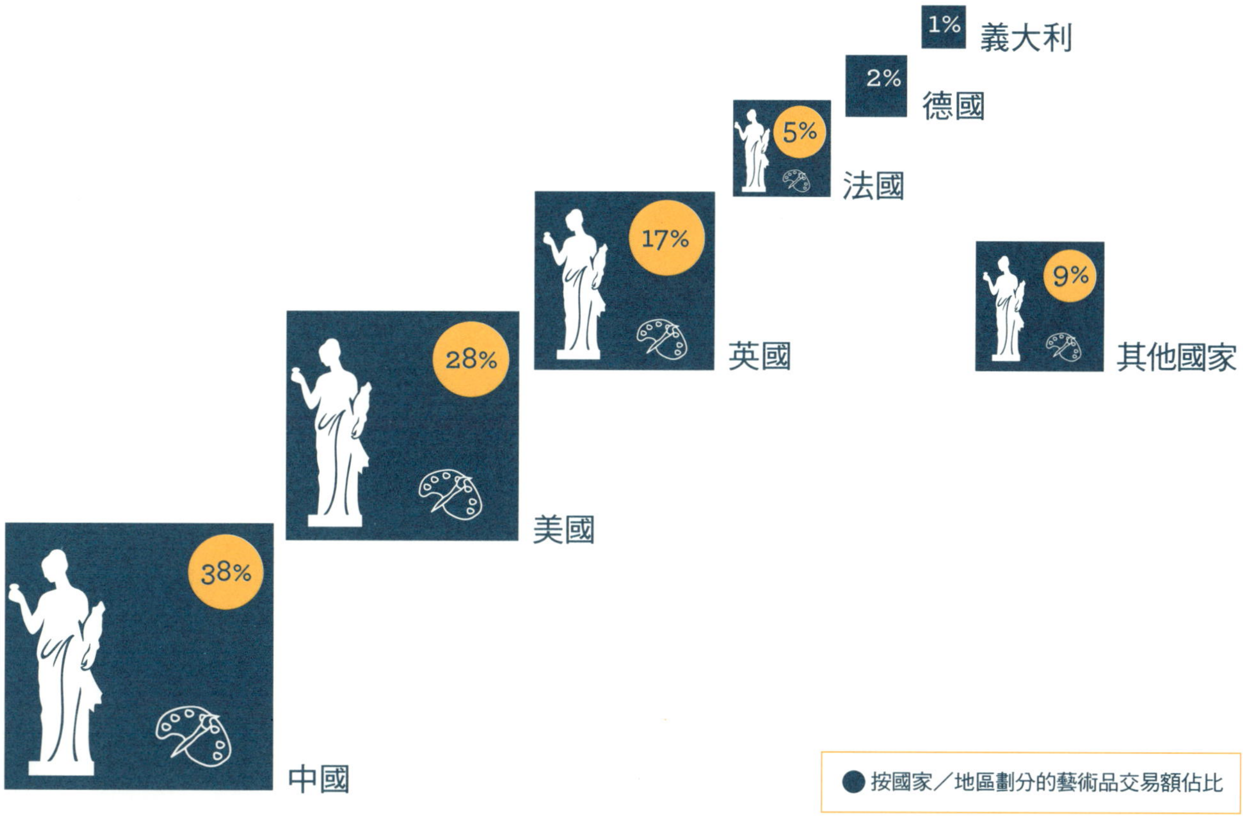

- 義大利 1%
- 德國 2%
- 法國 5%
- 英國 17%
- 美國 28%
- 中國 38%
- 其他國家 9%

● 按國家／地區劃分的藝術品交易額佔比

第二部

主要的十項挑戰

11 犧牲的環境

要讓中國當局意識到污染的影響力，須直到「空氣末日」這一新創詞彙的出現，它用來描述 2012 年代初期籠罩北京的霧霾。當時霧霾和懸浮微粒的濃度經常超標世界衛生組織（WHO）危險門檻的十倍之多，這些問題引發熱烈討論。

北京的污染危機使環境問題一躍成為政治矚目的焦點，加速了先前還猶豫不決的變革腳步。中國長期以來一直是氣候變遷的主要阻力之一，如今卻成為全球氣候行動的捍衛者。

以往談及中國的經濟快速成長造成對環境的影響，對煤炭的依賴；對空氣、水、土壤品質及公共健康引起的後果時，中國當局皆拒絕討論，並認為這是一種「陰謀論」，意圖妨礙中國工業發展。直到 2008 年之前，中國都還沒有成立環境保護部。

2009 年，於哥本哈根舉行的 COP15 氣候變化大會上，美國與中國最後一刻聯手使協議告吹，後者認為自己仍是發展中國家，應該由已開發國家——幾十年來地球污染的始作俑者，承擔對抗氣候暖化的成本。

COP21 氣候變化大會

須等到六年後，即 2015 年 12 月在巴黎舉行的 COP21 氣候變化大會上，中國才積極促成巴黎氣候協定。而更令人驚訝的是，當美國總統川普在 2017 年宣布退出這一協定時，北京當局反而成為這一國

際條約的主要捍衛者。

2015 年，即 COP21 舉行的那一年，一個由五百五十名中國專家組成的小組為政府準備了一份報告，得出的結論是，氣候變遷將為中國帶來「負面影響」。報告建議中國在國際協議中改變態度，避免因為超越美國——成為全球最大溫室氣體排放國，而淪為眾矢之的。

自此之後，中國便改弦易轍，特別是試圖在發展經濟和保護環境之間找尋平衡點，但修復的速度仍追不上環境的嚴重劣化。

2017 年 7 月，經濟合作暨發展組織（OECD）在報告上描述的中國情況確實令人堪憂：「在全球污染最嚴重的 20 個城市之中，有 16 個位於中國。許多河流、湖泊和沿海水域受到農業、工業和家庭排放物的嚴重污染。城市垃圾、工業和有害廢棄物遠遠超過可處理和清除的數量。一些廢棄物被暫置等待處理，或毫無控管地被掩埋。」

罪魁禍首：煤炭

北京政府的首要目標是煤炭，這是造成污染的主要來源。特別是在中國北部、包括北京附近，有著取之不盡的廉價煤炭資源。2017 年 3 月，北京關閉了最後一座燃煤發電廠，希望讓首都 2300 萬的人口能在更明亮的天空之下過冬。

自 2014 年以來，限制煤炭使用的措施已經使北京的懸浮微粒污染減量 25%。但在首都及其他地區仍有漫漫長路要走：2017 年，煤炭仍然佔全國發電量的 60%。

中國在再生能源投入大量資金，成為全球太陽能和風能的領導者。這些不斷興建的大型太陽能和風能園區的效率並非總是符合預期，但從能源結構來看，中國正朝著正確的方向前進。最後，中國在 2017 年宣布了一個野心勃勃的電動車目標：2025 年，採用非化石燃料的新能源車，將佔新車銷量的四分之一；在 2030 年至 2040 年之間，將完全廢止燃油車。北京正努力成為全球電動車的領頭羊。

如今，中國採取了補救措施，同時也利用「綠色經濟」及其龐大規模所帶來的機遇。儘管如此，對於已經造成的損害及其對全球氣候的影響，中國仍將長期承受苦果。

> 「以犧牲環境換取經濟發展的時代已經終結」——新華社，2017 年 2 月 9 日。

焦點

　　2015年，一位中國電視台的明星記者柴靜獨立製作了一部名為《穹頂之下》的紀錄片，探討中國的工業污染。此影片在網上播出後，受到中國環境保護部部長的讚揚，獲得數億觀看次數；但北京當局擔心影片引起的後效，隨後將它封殺下架。然而，這部紀錄片不僅無情揭露出中國的經濟「奇蹟」對環境造成的破壞，更成功向政府表達了中國人民的疑慮。

要點

　　環境保護是能夠煽動中國輿論的議題之一，尤其是新興的中產階級。其原則如縮寫詞NIMBY所描述的：「Not in my back yard」（別在我家後院）。過去十年來，許多示威活動因此阻止了在城市中心鄰近處興建化工廠或危險設施的計畫。在過往，政府決定總是強制執行而不容置喙。

減少對煤炭依賴的中國

十億噸
（桶油當量）

耗油高峰

耗油量
產量

1980　1990　2000　2010　2015

● 惡劣至極惡劣的空氣品質
◇ 煤礦區
▨ 高人口密度

500 公里

哈爾濱
長春
瀋陽
烏魯木齊
包頭
北京
大連
太原
天津
洛陽
西安
南京
上海
成都
武漢
杭州
重慶
長沙
福州
廣州
香港

12 經濟模式轉型

對於習慣了兩位數經濟成長率的中國來說，當數字下降到6%到7%時，就像是跌到了谷底一樣。自2007至2008年全球金融危機以來，中國的成長率逐年下降，先是跌破10%、接著低於7%。

自1978年鄧小平決定實施經濟改革以來，中國經歷驚人的經濟起飛。首先是人民公社的解散——將農村勞動力釋放出來，伴隨鼓勵私營企業的發展、國有企業的改革，以及來自香港和其他工業國家的外資湧入，這些政策都立竿見影。

在經過漫長的談判，中國於2001年加入世界貿易組織，這為中國的經濟注入了強心劑，也為其獲得「世界工廠」之名。中國開始大力發展出口導向經濟，特別是拓展毗鄰香港、位於東南部的廣東省，單此地區便提供了三分之一的中國出口量。

出口導向的侷限

這種出口貿易模式使中國外匯儲備膨脹，並使政府有能力資助大型基礎建設計畫和城市的轉型，但它的侷限比預期來得更快。一方面，中國東部沿海地帶的生產成本開始上升，另一方面，次級房貸危機使中國主要的外銷市場——美國、歐盟和日本——陷入衰退和緊縮政策之中。

主要市場的貿易逆差也達到

政策上難以支撐的地步,正如川普在美國的演說所表明的一樣。自2008年次貸危機以來,中國政府一直試圖經濟轉型,推動高附加價值產品的出口和滿足內需[18]。這一新的全球形勢迫使中國見風轉舵,投入巨額資金,避免經濟嚴重衰退;出口產品從以量取勝轉為以質取勝,並同時面向內需市場。這樣的急轉彎不可能一蹴而就,但儘管有許多擔憂,北京似乎已經成功地將中國的經濟成長穩定在6%到7%之間。

為了實現這一目標,中國開放信用借貸,這引發了國內對私人債務問題的擔憂;同時持續進行大型基礎建設計畫──令人印象深刻的高鐵網路僅為其中一例;還提高了國民收入,以刺激購買力:從2005年到2013年,平均最低薪資從44.4美元增加至210美元。

三大挑戰

經濟分析師認為,中國在嘗試經濟轉型的過程中,將面臨三大挑戰:

一、中國生產成本上揚,促使中國企業自行外移至低成本國家:如孟加拉、越南、衣索比亞等。

二、中國企業試圖從「中國製造」轉變為「中國創造」,即從代工轉向製造原創設計產品。

三、最後一點,銀行體系呈現的結構性弱點,使其無法在正常的經濟融資中徹底發揮作用。

如果能克服這些障礙,中國的經濟將有可能站穩腳步,來面對專家稱之為「中等收入陷阱」的挑戰──即中等收入國家在邁向高收入國家的過程中所面臨的經濟停滯風險。某種程度來說,這是富裕後才有的煩惱……

> **180億歐元**
> **──這是2015年歐盟對中國的貿易逆差。**

焦點

　　長期以來，中國國有企業東風公司一直在中國汽車業中僅被視作單純的合資夥伴：例如跟寶獅（Peugeot）、日產（Nissan）及其他企業。然而，在 2014 年，風水輪流轉，東風收購法國寶獅雪鐵龍集團（PSA Peugeot Citroën）14％的股份，當時寶獅和雪鐵龍深陷財務困境。這表明中國汽車產業在經過一段韜光養晦的時期之後，開始在國際舞台展現野心。

要點

　　中國在內部經濟轉型的同時，中國企業也開始於海外投資，這一新現象仍處於摸索階段。2015 年，中國的對外投資首次超過了吸引的外資額。然而，對於債務上升和資本外流的擔憂，讓中國政府更嚴格地監控國內企業。接收中資的各國不情願見到「寶貴資產」流向中國，要求後者實行互惠原則，卻遭拒絕。

中國顯著放緩的經濟成長曲線

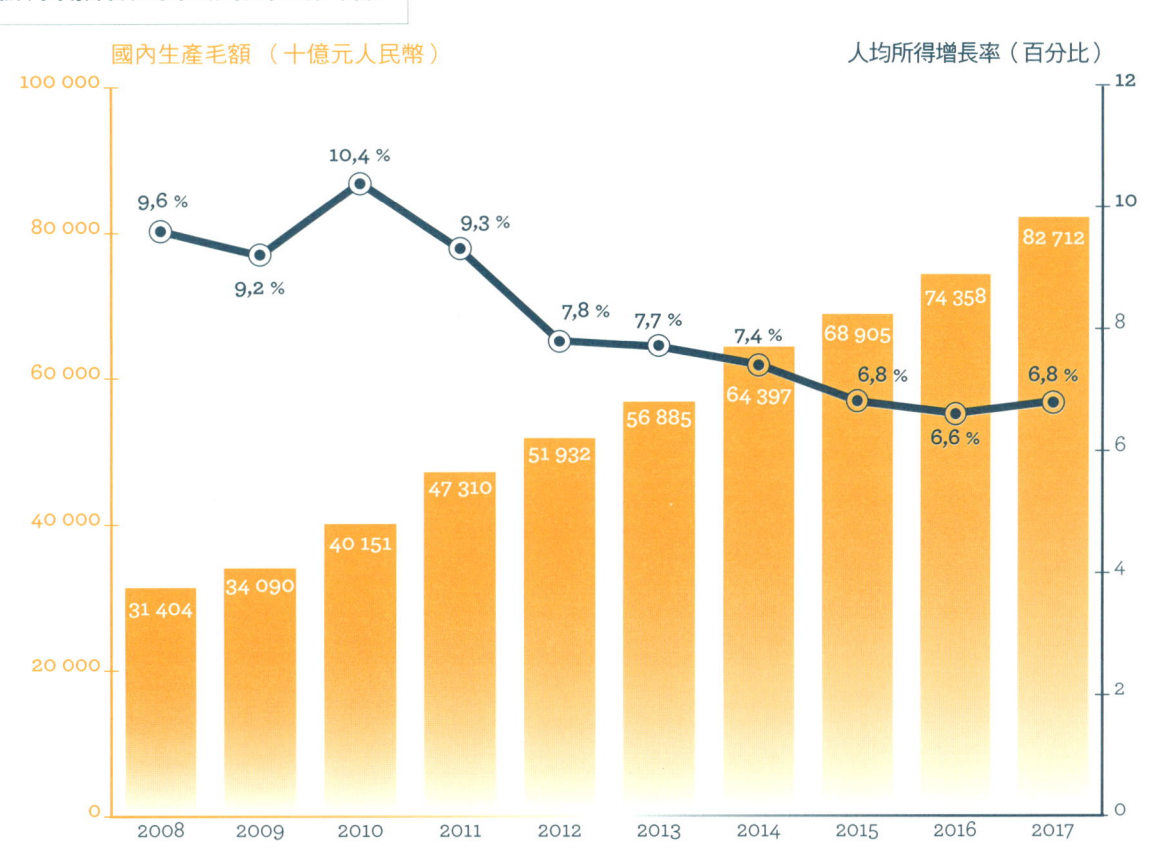

國內生產毛額（十億元人民幣）　　　　　　人均所得增長率（百分比）

年份	GDP（十億元人民幣）	人均所得增長率
2008	31 404	9,6 %
2009	34 090	9,2 %
2010	40 151	10,4 %
2011	47 310	9,3 %
2012	51 932	7,8 %
2013	56 885	7,7 %
2014	64 397	7,4 %
2015	68 905	6,8 %
2016	74 358	6,6 %
2017	82 712	6,8 %

13 都市化的有效控管

中國正面臨歷史上最大規模的農村人口外流,其他工業化國家在20世紀花上了幾十年才實現一小步的轉變,中國則是一步登天。這個國家本以農立國——過往革命都是農民率先揭竿起義,現正轉型成一個人口聚集在巨型都市(規模巨大、人口數破千萬的城市)的國家,並迎來了艱鉅的挑戰。

在1978年經濟改革初期,城市人口僅佔總人口數的18%。到2010年代初,城市人口超過50%,預計2020年達到60%,2030年將超過三分之二。這具有歷史意義的現象為中國帶來翻天覆地的變化:囊括了景觀、經濟、社會、環境,甚至扭轉了扎根於農村的國家精神。

為了應對這一由政府推動和鼓勵的現象,中國從80年代開始便掀起一股從未止歇的建設熱潮。90年代,上海充斥起重機的景象令人嘆為觀止,其密度世界居冠。此一遷徙現象現今相當普遍:有十多個人口數破千萬的巨型都市(北京和上海遠超過2000萬),以及超過100個人口數破百萬的城市——其中一些在幾年前不過是小城鎮。

經濟特區

有些地區的變革已久:深圳原是香港邊境的一個小漁村,在鄧小平成立經濟特區以嘗試資本主義的生產模式之後,成為了充滿移工的陰鬱「睡城」(cité-dortoir,鄰近大都市,缺乏商業機能的城

市）。這個人口達一千二百萬的城市近年來歷經轉型，搖身變成了坐擁當代美術館、購物中心、公園和住宅區的模範城市。

其他地區的改變尚在醞釀：2017年4月，政府宣布在北京西南100公里處打造一個新的城市計畫——雄安新區，其面積為紐約兩倍，習近平主席稱之為「創新的展示櫥窗」。雄安新區將納入人口破億的大三角都會區：其中涵蓋了北京，以及距離首都120公里、人口已破1500萬的天津港口。目前，連結北京與天津的高鐵已開通，穿越即將融貫一體的城市區域。

這種全方位都市化的目的是緩解北京、上海甚至廣州的人口壓力，這些城市集中了眾人的貪婪目光和對成功的希望。尤其是北京，自2000代初以來急速擴張，從三環路擴建至六環。2008年的北京奧運成為城市發展的催化劑，特別是地鐵線從2000年的兩條增加至今日的19條。

儘管如此，當局在控制移入首都的人口壓力時，仍展現著鐵腕的一面。2017年底，因為一位「民工」（即從農村移民到城市的人）的臨時住處發生了火災意外，北京當局在深冬毫不留情地驅逐了20多萬人。

戶口制度的改革

根據一些觀察者，這場火災對北京市政府來說是一次良機，在中華人民共和國國民經濟和社會發展第十三個五年規劃綱要（2016年至2020年），提出將六大中心城市的人口減少15%，並將北京的總人口限制在2300萬。[19]

控制國內人口遷徙的工具是「戶口」，一種決定居住和工作區域的許可證。這個制度曾經非常嚴格，但近年來已經放寬，以便紓解人口流動。

自80年代中國開始改革戶口制度以來，「它不斷地調高門檻，以確保只有優秀人才及投資者才能獲得落戶大城市的寶貴許可。而那些公家服務較不發達、缺乏商機的低線城市，獲得戶籍的條件則變得寬鬆。這種把流動人口推往較小城市、讓菁英集中大城市的意圖，反映出一個菁英主義的理念，即大城市的社會經濟同質化將有益國家的競爭力，並因而促進經濟發展。」[20]

中國正經歷的農村人口外流，對當局來說，也同時是重塑國家的契機。

> 280萬——這是中國中西部重慶市的人口數量，數據出自2010年的人口普查。

焦點

中國大城市的居民已經對「拆」一字習以為常,這代表「拆除」之意。當它出現在牆面或門上時,意即這個區域即將被淨空和拆除,緊接而來的是新建築物。尤其在北京,在「拆」字出現後,很多古老的胡同被拆除,這些擁有600年歷史的古老巷弄和四合院被新的建築所取代。拆除、重建,周而復始……

要點

只有36%的中國人擁有城市戶口,這個行政的通行證決定了你是否被允許居住在城市或鄉村。然而,現今超過一半的中國人已經成為城市居民。戶口制度放寬後,允許任何中國人從此可自由定居50萬人口以下的城市,並能在當地入籍,無論原始戶籍地位於何處。這是鼓勵人們在中小城市安居落戶,避免讓飽和的巨型都市膨脹的方式。

中國超過100個人口破百萬的城市

哈爾濱
烏魯木齊
瀋陽
大同
大連
包頭
北京
天津
石家莊
太原
濟南
青島
蘭州
洛陽
鄭州
徐州
西安
南京
無錫
上海
合肥
蘇州
寧波
成都
武漢
杭州
重慶
南昌
溫州
長沙
福州
廈門
昆明
深圳
廣州
南寧
香港
南海
太平洋

城市人口（以百萬計）
- 超過10
- 介於5和10之間
- 介於2和5之間
- 介於1和2之間
- 介於0.8和1之間

500 公里

14 網路監控

當網際網路在 1990 年代開始發展時，許多觀察者原本預期中國會跟其他威權國家一樣，阻礙這項技術的發展，認為這將推倒中國的防火牆。然而，中國選擇推動網路和數位技術的發展，並迅速成為全球網路用戶最多的國家之一。

中國政府從一開始就雙管齊下：出自經濟考量而發展並掌控數位技術，但同時也看守、監控和掌握使用者。經過 20 年的發展，這份賭注贏得雙倍的回報。2017 年，中國擁有全球最多的網路用戶，達 7 億 7200 萬人，占全球人口的 55.8％，其中大多數透過智慧型手機上網。這個網路普及率雖低於歐洲和美國，但在城市地區算是旗鼓相當。農村地區上網率仍低，不過行動寬頻的發展也使中國促進了鄉村地區的網路連線。

全球第一大市場

這個驚人的數據顯示出，中國自 1990 年代末以來在基礎設施

> 「我們應該尊重各國參與國際網絡空間治理的權利。」
> ── 習近平，2015 年

上的長足發展，以及電信產業出色的飛躍成長——這不但使中國成為全球最大的市場，也是推動中國經濟現代化的引擎。

這些經濟發展從未讓當局忽視網路和新興資訊傳遞模式所造成的威脅，中共打算控制公民對國家過去和現在所知的一切訊息。在紙本、廣播和電視的時代，操控相對容易；但在網路和社交平台興起的時代，資訊的流通無須透過中介，監控變得更困難。

年復一年，中國政府不斷針對中國網路使用者的內容和行為加強監控，以至建立了一個龐大的內部網絡，與外界僅少數的「通訊埠」（porte）相連，被稱為「中國防火牆」。控制的手段相當多：包括實名制、關鍵詞警報；將審查權委託給私人數位平台負責人，或是每日聞知「敏感」或嚴禁主題的網咖業者；數以萬計的網絡警察負責「掃蕩」社群平台，並恐嚇和懲罰違規者。審查有時甚至涉及外國影視作品，例如動畫角色小熊維尼，因為與主席習近平外型相似而被禁播！

2017年，限制措施加劇，包括封鎖VPN——這個軟體能夠幫助使用者隱藏他們的網路活動並避開封鎖。中國還擴大在全球網路治理中的影響力，並試圖在那些採取「多方利益關係人」模式（參與者包含了私營部門和民間）的地區中，推廣恢復國家對網路的控制。

「上天的恩賜」

中國異見人士劉曉波在2017年去世前，稱網路為「上天的恩賜」。他提及，儘管有審查，中國人還是能宛若前所未有地獲取資訊和對話。

事實上，即使中國對網路審查和監控的程度，在全球無人能出其右，但網路依舊改變了中國社會，迫使中共更加關注「網路輿論」。自從2003年，隨著用戶數量上升到臨界點，這種大眾的影響力開始顯現，並驅使政府調整作為。官方在防治污染的立場轉變無疑是個例子，對難以呼吸自如的大城市居民來說，空氣污染成為了擔憂和憤怒的話題；或是每有重大災難，中國輿論都等著諱莫如深的當局做出解釋。

然而，當局在政治議題或是對質疑自身合法性的方面上，仍毫不妥協。許多網路使用者和異議人士因表達意見被判多年徒刑。網路或許是一個「上天的恩賜」，但黨會嚴防其控制權不受威脅。

焦點

微信是中國的旗艦應用程式，是「一站式」服務的先驅，不僅具備通訊功能，還提供支付、電商、叫車和遊戲等功能，成為中國人生活中不可或缺的工具。但微信也受到嚴密監控，即使是在封閉的小圈子進行交流，而不是在像「中國推特」（Twitter，2023 年 7 月改名為 X）的微博上公開發表，後者的審查相當嚴苛。在微信上發表批判政治的言論也可能給作者帶來嚴重的後果。

要點

中國的網路審查一目瞭然：在西方搜索引擎上輸入「天安門」，你會首先看到1989年春天的抗議活動和著名的「坦克人」照片；在中國百度——相當於谷歌搜索引擎上輸入「天安門」，跳出的是北京市中心廣場的歷史和旅遊資訊，毫無1989年6月4日大屠殺的相關訊息。控制歷史記憶是審查的關鍵挑戰之一。

中國網路用戶數量的成長趨勢

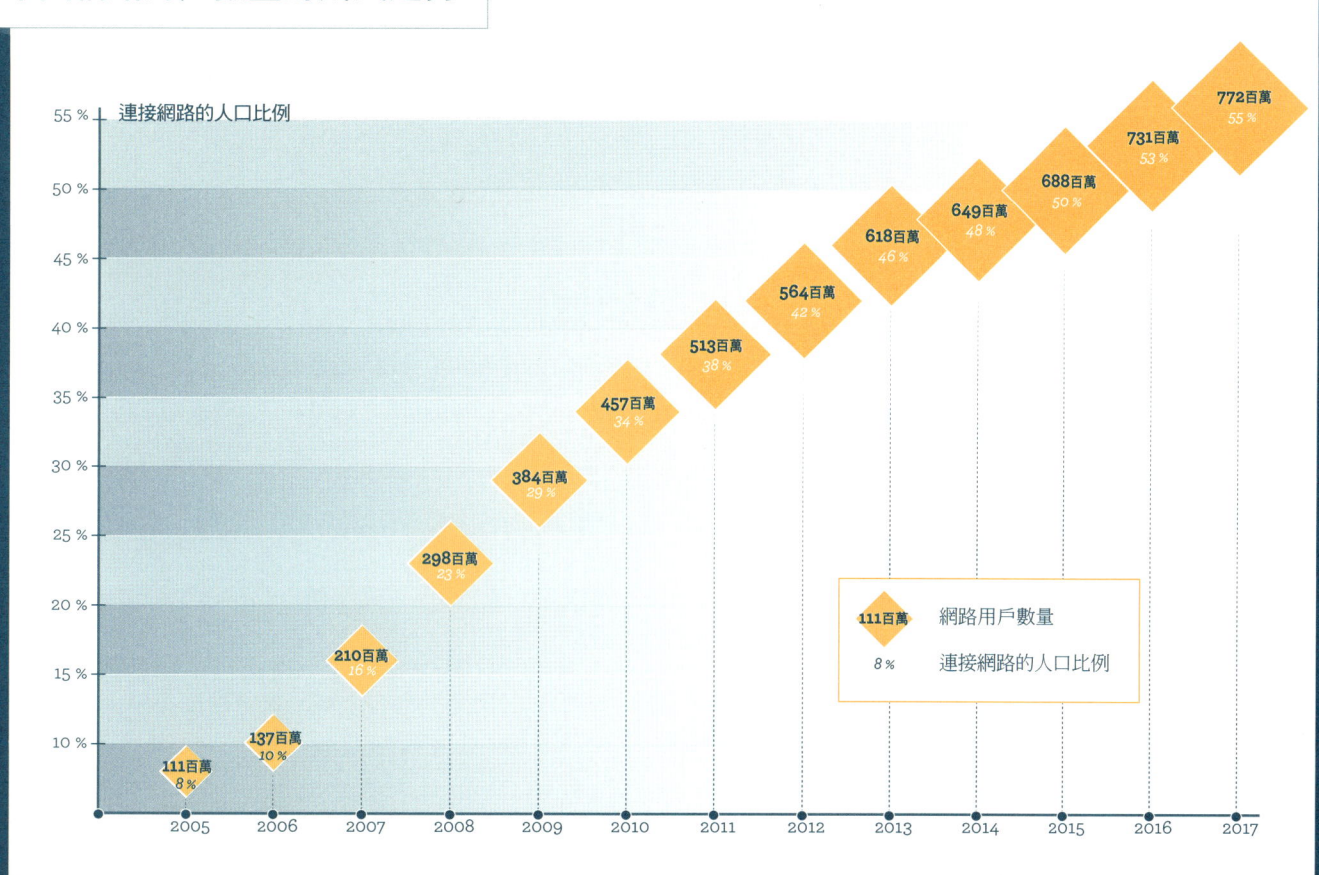

年份	網路用戶數量	連接網路的人口比例
2005	111百萬	8%
2006	137百萬	10%
2007	210百萬	16%
2008	298百萬	23%
2009	384百萬	29%
2010	457百萬	34%
2011	513百萬	38%
2012	564百萬	42%
2013	618百萬	46%
2014	649百萬	48%
2015	688百萬	50%
2016	731百萬	53%
2017	772百萬	55%

15 人口萎縮

2015 年 10 月 29 日，中國結束了一項實行 30 年且影響深遠的政策：一胎化。從當日開始，中國夫婦有權生育第二胎。中國人口衰退被視作國家未來的威脅，此一決策便是為了亡羊補牢。

中國一直是世界上人口最多的國家，但它正逐漸將第一名的寶座拱手讓給印度。30 年的計畫生育政策（通常透過強制墮胎和絕育等手段），對中國人口結構造成了深遠影響。某些研究指出，這 30 年來共阻止了約三億至四億個嬰兒的出生。

毛澤東對生育政策不以為然。他嚴厲批評馬爾薩斯主義，即源自英國經濟學家托馬斯·馬爾薩斯（Thomas Malthus，1766 年至 1834 年）的人口限制理論。這位偉大舵手說道：「我們人口越多，國家就越強大。資產階級思想家提出了許多同類相殘的理論，包括人口過剩。」

180 度大轉變

但他繼任者的政策出現了 180 度的大轉變：1979 年，鄧小平實行計畫生育，目標是在絕大多數情況下，每對夫婦只生一胎。某些情況下會破例：僅有獨生女的農村家庭，可以再生一胎；少數民族家庭可以生兩胎，若第一胎為女生時，可以生到三胎。這些措施由黨的地方政府和全國計畫生育服務機構強制執行，引起民怨。

要了解這一創傷造成的後遺症，只須讀讀諾貝爾文學獎得主莫言的小說《蛙》。在小說中，敘述者的姑媽是一位村莊的婦產科醫

生，她得同時面對執著生下男性繼承人以綿延子嗣的許多家庭，以及強制實行計畫生育的政府。

在這30年間，這一政策產生了雙重影響：大幅減緩人口增長，但也因為大量的女嬰遭到殺害，造成男女比例失衡。在某些農村地區，男女性別比是100對應115至120。

根據人口學家的說法，這一生育控制無疑為經濟發展提供了寶貴的驅動力。然而，他們補充說道，「在人口問題上，中國的政策目光短淺。它太關切在全球經濟競爭中保持領先地位，而將韁繩勒得太緊，卻對早在20世紀90年代已開始轉變的生活方式，視而不見。」[21]

事實上，中國政府冒著提前人口老齡化的風險，一直等到2015年才鬆綁計畫生育，並可能成為所謂的「未富先老」的國家，與日本恰好相反。這一老齡化以及伴隨而來的社會結構，將如專家所說：「成為〔中國〕最艱鉅的挑戰，因為即使中國經濟成長顯著，但很大程度上整體仍處發展中的狀態。」[22]

五億老年人口

根據預測，到2050年，中國超過60歲的人口可能上達五億，且勞動人口可能急劇下降。根據伊莎貝爾・阿塔內（Isabelle Attané）的報告，在十名處於勞動年齡（15至59歲）的中國人之中，目前有7名年齡低於40歲，但到了2050年，這一比例將降至二分之一。

這一變化已經在勞動力市場上顯現，並解釋了中國工業在機器人技術和自動化方面的大量投資。

按照初步跡象，2015年鬆綁的計畫生育不足以扭轉頹勢。尤其是中國沒有社會福利制度，對於中低收入的夫婦來說，撫養孩子的成本往往難以負擔。在2016年，改革後的第一年，增加的新生兒數量只達到當局原本預期的一半。

同時，北京在2016年初表示，預計2020年人口將達14億2000萬人，對比2015年底的13億7000萬人。根據醫學期刊《刺胳針》（The Lancet）發表的一項研究，若持續實施一胎化政策，2023年的高峰會是十四億人，而計畫生育的放寬，將使預期人口高峰延至2029年的14億5000萬。一旦過了這個分水嶺，中國人口將開始縮減。

14億5000萬──這將是2030年中國的「人口高峰」，在達到巔峰之後將開始下滑。

焦點

在中國，向政府據理力爭，有時候是危險的。這一點經濟學家馬寅初在 1957 年時體會甚深，他提出警告，若不控管人口增長，將造成災難。正如侯芷明（Marie Holzman）所述，他被指控屈服於「馬爾薩斯主義的誘惑」，被逐出大學，並被送往勞改營度過 19 年。後來在 1979 年、他 97 歲時，鄧小平才為他平反，並在同年通過了一胎化政策。

要點

一胎化政策的負面影響之一，是導致大量女嬰在出生時被殺害。這現象主要發生在農村地區，因為對農民家庭來說養兒才能「防老」，女兒出嫁後便意味另組家庭。造成的結果是，男性缺乏可婚配的年輕適齡女性，導致嬰兒或年輕女孩遭到綁架，甚至出現來自越南等鄰近國家的「黑市新娘」。

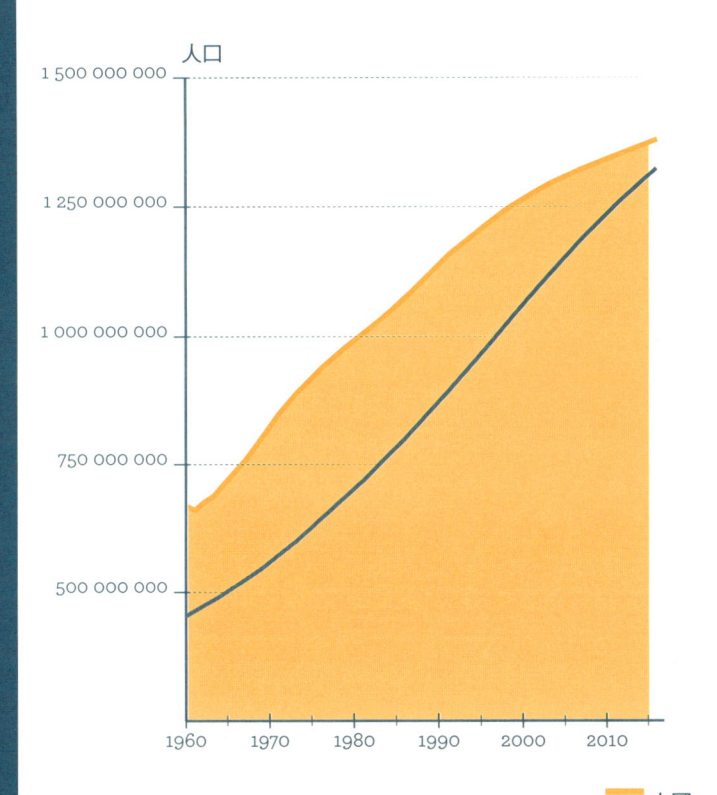

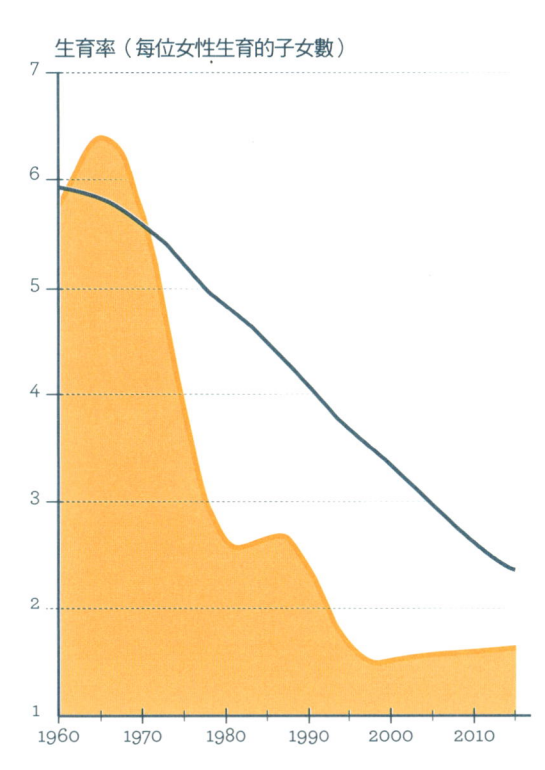

印度人口與中國人口發展趨勢

16 宗教的興起

在毛澤東時代，中國毫無異議地恪守馬克思主義的信條，即宗教是「人民的鴉片」。但自從這位偉大舵手於1976年去世後，這個擁有近十四億人口的國家經歷了一場宗教覺醒，其重要程度足以引起中共的注意。

在憲法中，中國接受宗教自由的原則，並承認五種宗教：佛教、道教、伊斯蘭教、新教和天主教。宗教若想存續，就必須受到官方的監督，這也表明了當局對這個難以控制且擔心會失控的現象感到緊張不安。

靈性的追求

法國耶穌會神父魏明德（Benoît Vermander）是漢學專家，他在2002年就談到了「中國的宗教覺醒，是一個非常重要的覺醒」。他補充道：「我們都同意，宗教覺醒並不代表宗教狂熱。自從中國政權走向自由開放，這種狂熱已經持續了20多年。大眾普遍對宗教信仰感到好奇。據官方統計，佛教徒、基督徒或道教徒的數量已經大幅超過中國共產黨黨員數量。在許多地方，只要一有機會，便會翻修或興建宗教場所。即使是民間宗教的活動（氣功或武術社會、藝術或教育社團等）也顯現這種對靈性和宗教的追求。」[23]

21世紀初的這種情況更為顯著。然而，當局對於每種合法宗教或是不同地區的態度不一。

例如，蓬勃興起的佛教不會

引起任何問題,但在西藏和藏族聚居區的寺院,則遭嚴密監視並受到中共政治委員會的控制。講漢語且已融入社會的穆斯林,基本上可以不受約束地信奉伊斯蘭教;但同樣信仰伊斯蘭教、靠近中亞邊境講突厥語的居民——即新疆的維吾爾族,則受到諸多限制和監控。

對於基督教徒,政府的態度則模稜兩可。它允許相當活躍、在中部農村地區的新教社區,以及天主教教堂的發展,前提是它們都隸屬與政府有關的愛國教會。

天主教確實造成了一個特殊問題:因為北京與梵蒂岡沒有外交關係——後者至今仍與臺灣建交,這是自1949年國共內戰以來的問題遺緒——因此它不認可梵蒂岡教會。中國推動自己的愛國教會,任命主教並掌控其活動,同時與羅馬教廷達成和平共處的協議,也因此間接地與迫害中倖存的地下教會進行了協商。

梵中關係

梵蒂岡與中國的關係歷史相當悠久而複雜。有鼎盛的時期,像是17世紀耶穌會傳教士在中國宮廷服務;也有受打壓的時期,像是19世紀仇外、反基督徒的種種暴動,譬如釀成八國聯軍的義和團運動。

目前雙方協商的原則是「談判而不予承認」。因為一個擁有數百萬成員(估計有1000萬到1200萬成員)、在層級上依附外國勢力的教會(即便是精神層面),北京永遠不會接受。一些中國天主教徒,包括天主教香港教區主教——陳日君樞機,指責這是一種「背叛」,認為教宗方濟各(Pape François)對中共「一知半解」。如果北京與梵蒂岡達成協議,讓中共政權部分掌控,中國天主教徒中的某些人可能不會接受,並繼續在「地下」活動。

中共對於宗教運動的高度敏感,法輪功信徒可說有深刻的體驗。法輪功是一種基於中國傳統氣功,並結合精神層面的健身運動。1999年,法輪功信徒在北京國務院示威,要求予以認可。當時的中國領導人江澤民認為這是挑戰權威,對該運動展開鐵腕鎮壓。

在中國這個物質主義社會中,靈性的追求以各種形式存在,但共產黨只打算在限定的框架內給予這種自由。

> 4億6000萬——這是中國不同宗教(佛教、天主教、伊斯蘭教、新教、道教)加總起來的信徒人數。

焦點

北京市委黨校的校園裡，有一座墳墓見證了梵蒂岡教會與中國之間的悠久關係：即義大利耶穌會傳教士利瑪竇的墓地。他精通中文，於 17 世紀初受萬曆皇帝（明神宗）邀請來到北京宮廷，並在此停留直至 1610 年去世。他被視為中國天主教「之父」，儘管物換星移，他的墳墓和過往事蹟在中國仍然受到尊崇。

要點

溫州這個城市，是部分法國華僑的家鄉，因為擁有大量的基督徒和教堂，而被稱作「中國的耶路撒冷」。然而，這個基督教社區經常與中共的專制勢力發生衝突——中共會下達命令拆除「非法」教堂，或只是撤掉他們認定過於招搖的十字架。這樣的共存關係對共產黨黨員來說是令人不快的，他們輕蔑地稱基督教為「洋人的信仰」。

中國的宗教概況

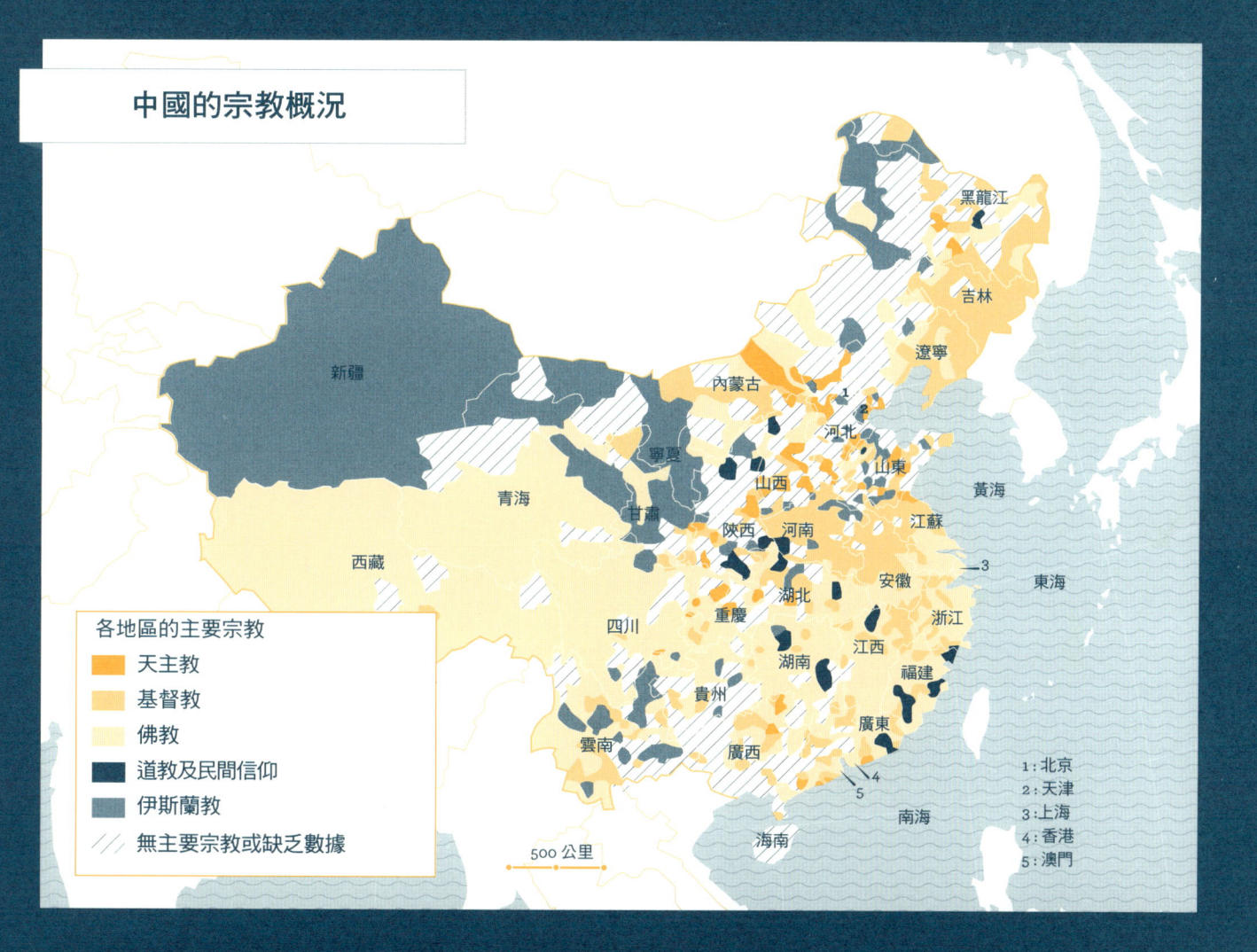

各地區的主要宗教
- 天主教
- 基督教
- 佛教
- 道教及民間信仰
- 伊斯蘭教
- 無主要宗教或缺乏數據

500 公里

1：北京
2：天津
3：上海
4：香港
5：澳門

黑龍江、吉林、遼寧、內蒙古、新疆、河北、山東、寧夏、青海、甘肅、山西、陝西、河南、江蘇、西藏、湖北、安徽、浙江、四川、重慶、湖南、江西、福建、貴州、雲南、廣西、廣東、海南、黃海、東海、南海

17 難以駕馭的西藏

西藏問題是中國政權不可跨越的「底線」。對北京來說，「世界屋脊」是中國不可分割的一部分，任何質疑這一點的人都是「藏獨分子」，必須毫不留情地打擊。首當其衝的人是藏傳佛教的精神領袖——達賴喇嘛，儘管自從他流亡印度之後，便不再要求西藏獨立，而是要求實質的自治。

當毛澤東於1949年成功控制中國大陸時，他的主要行動之一便是派軍隊進入西藏。自1911年清朝滅亡以來，西藏便脫離了中國領土——儘管這並未獲得國際承認。過去2000年來，中國與西藏的關係錯綜複雜，不若中國歷史教科書所描述的那麼單一。在某些時期，特別是13世紀，西藏帝國的疆域曾如同凱撒時期的羅馬帝國一樣幅員遼闊，甚至一度對鄰近的中國施加影響力。數個世紀以來，西藏和中國維繫著一種政治與宗教的關係。西藏作為佛教分支的發源地，扮演權威的宗教導師，而中國則回以保護和支持。在這段關係中，每當中國變得衰弱，西藏便會更加獨立……

> 「如果我們變得暴力，就再也沒有什麼事情可以捍衛了。」——第十四世達賴喇嘛 丹增嘉措

「大博弈」

19世紀末，當時這個地區成

為列強爭奪的焦點——史稱為「大博弈」時期，英國與定都北京的清國簽署了一項協議，承認中國對西藏的主權。此條約解釋了在1911年大清帝國滅亡時，外國勢力為何不承認西藏。於是，從1911年至1950年中國入侵的這段期間，西藏是一個不被承認的獨立國家，由藏傳佛教神權統治，領導人是達賴喇嘛。達賴喇嘛是由數位僧人代代相傳下來的接班人，佛教傳統認為他們是前任的轉世。僧侶擁有龐大的寺廟網絡並實行一種封建制度，使得部分人口處於半農奴狀態。

因此，當毛澤東決定派遣軍隊，促成官方歷史所稱的「中國和平解放西藏」時，許多人認為這是西藏擺脫封建制度枷鎖的機會，後續的發展證明他們判斷錯誤。儘管在一開始中國當局尊重並授予權力給兩位主要的西藏尊者——第十四世達賴喇嘛和第十世班禪喇嘛，兩人於1950年代初受到北京的正式接見，但隨著承諾的自治未能兌現以及宗教的迫害加劇，雙方關係變得惡化。

1959年，達賴喇嘛逃離西藏，避難於印度達蘭薩拉（Dharamsala），他在此地成立了流亡政府和議會，與數萬名藏人一同流亡至今。這令北京憤怒，指責他為「藏獨分子」。

非暴力抵抗

近半個世紀以來，僵局仍在持續。美國在冷戰時期曾鼓勵西藏進行一場游擊戰，結果是一場徒勞，顯現了與北京正面交鋒的局限性。這些衝突隨後被非暴力抵抗取代——它憑藉的是一股宗教的情感力量，甚至有上百位僧侶為抗議中國的壓迫而自焚。

北京鼓勵佔多數人口的漢族農民和商人在西藏定居，藏人認為這是造成少數藏族人口消亡的一種「殖民」。事實上，中國全境只有600萬藏人，包括西藏自治區（TAR）和跨越周邊中國省份的「大西藏」（四川、雲南、青海、甘肅）。

此外，藏人懷疑中國企圖影響「轉世」制度，以便在現任達賴喇嘛去世後製造混亂。他們認為第十一世班禪喇嘛的繼任情況證實了這一點，這是藏傳佛教的第二重要人物。達賴喇嘛認定的第十一世班禪喇嘛更登確吉尼瑪在幼年時失蹤，由北京遴選出的另一位取而代之。中國共產黨可能會嘗試對第十五世達賴喇嘛進行類似操控。

藏人心懷強烈的身份認同，這與他們深厚的宗教信仰緊密相連，但他們擔心中國的「壓路機」最終會壓垮他們被動的抵抗。雖然「西藏問題」獲得國際上許多人的支持，但面對強盛的中國，他們也愛莫能助。

焦點

　　對中國而言，西藏具有雙重的戰略意義：首先是它的地理位置，與中國在亞洲主要的競爭對手——印度，以及緬甸、尼泊爾、不丹、巴基斯坦等多個國家相鄰的綿長邊界。此外，作為世界屋脊的西藏，是重要的水資源儲備庫。亞洲許多大河發源於此，如：長江、黃河、湄公河、印度河、雅魯藏布江、薩爾溫江、伊洛瓦底江、象泉河及恆河兩條的支流，這些水資源對於該地區的所有國家而言，都極為珍貴。

要點

　　「西藏」有許多定義：一般所謂的「西藏」指的是西藏自治區，該區域面積為 120 萬平方公里，歷史上的主要居民為藏人。另外有面積更為廣大的「大西藏」，涵蓋重要的地區如：位於中國四川、甘肅和青海省的安多（Amdo）地區和康區（Kham），這些地區擁有大量的藏族少數民族，著名的寺院林立，如甘肅的拉卜楞寺（Labrang）。最後是位於印度達蘭薩拉的流亡西藏，達賴喇嘛亦定居於此。

「歷史上的西藏」

- 歷史上的西藏
- 現今中國的邊界
- 中國在1965年建立的西藏自治區

衛藏　安多地區　歷史上的西藏　康區

拉薩　成都　重慶　廣州　香港　北京　天津　上海

黃海　東海　南海

500 公里

18 新疆的威脅

對於北京來說，位於國境最西邊、在中亞邊緣的省份，稱作「新疆」，意即「新的邊疆」；對於新疆的主要民族——維吾爾族的民族主義者來說，他們的領土稱為「東突厥斯坦」，這是一個像鄰國的哈薩克（Kazakhstan）、塔吉克（Tadjikistan）或吉爾吉斯（Kirghizistan）的後綴詞「斯坦」（stan，源自波斯語的語尾，意為「……聚集的地方」）。唯一的不同是，它屬於中國。任何對於此地主權歸屬的質疑，都會被北京安上嚴重的「分裂國家」罪名。

和鄰近的西藏一樣，新疆位於帝國的邊陲，與其有著古老而複雜的關係。但這層關係在中國歷史教科書裡被過度簡化：即新疆自古以來屬於中國的一部分，這點無庸置疑。然而，在1911年清帝國滅亡後，這個省份陷入亂局之中。在這期間，有兩個東突厥斯坦共和國宣佈獨立（1933至1934年成立的東突厥斯坦伊斯蘭共和國，以及1944至1946年第二次成立的東突厥斯坦共和國）；蘇聯軍隊則長期干預此地區事務，以便鎮壓自家門前的叛亂。

當共產黨在北京勝利時，第二次成立的東突厥斯坦共和國控制了現今新疆的一部分。毛澤東於1949年立即派遣軍隊接管，並要求與獨立共和國的領袖進行商談。但由於五位主要獨立領袖遭遇飛機失事，東突厥斯坦政府一下子變得群龍無首。

漢人的移居

因此，中共迅速地在整個地區樹立權威，並將之正式命名為新疆維吾爾（該省最主要的族群）自治區。從那時起，北京採取了一種策略，以無可逆轉的方式鞏固中國的存在：尤其是透過中國主要的民族——漢人的遷移定居，實現其目

的，而這引發了越來越激烈的維吾爾族抵抗，其中一部分人甚至選擇暴力攻擊。

對北京來說，新疆是一個重要的戰略地區。首先，它是中亞的緩衝帶，此區域曾由蘇聯統治，現今分裂成許多國家，局勢動盪不定。其次，它擁有中國最主要的石油和天然氣資源。新疆及其廣闊的沙漠地區，曾被當作中國的核試驗場，且現今中國的其中一間航太中心也設於此。

從一開始，北京便在這個「新邊疆」採取安全方針：最早的建設是軍事化的農場（稱作「生產建設兵團」，為開拓邊疆、戍邊屯墾而設的特殊社會組織），並且保留至今。這些農場集中於一個由國家管理的綜合型組織——兵團之內，以便保護邊境安全。在中華人民共和國成立的前五年內，共有50萬名兵農被派遣至新疆。

隨著1990年代烏魯木齊（自治區首府）和中國最西端的城市——喀什市之間的鐵路線興建完工，中國鼓勵東部的貧困農民遷移到這個地廣人稀的省份。自此之後，新疆的漢族人口大幅增加，以至於使新疆的原居民——維吾爾族（約1000萬名講突厥語的穆斯林）和該省的其他民族（塔吉克族、哈薩克族、烏茲別克族、韃靼族等）成為了少數群體。

價值觀的對立

這種遷移導致當地並存著兩個群族的對立價值觀。譬如，當中國建設嶄新的城鎮——喀什之際，對於逐漸凋零破敗的維吾爾族市集視而不見。兩者之間盡立著一尊巨大的毛澤東雕像，這是他死後建造的少數雕像之一……在漢族區域，人們維持著跟中國東部一樣的生活方式，與恪守戒律的穆斯林相差甚遠，邊緣化的維吾爾族因此日益仰賴宗教作為庇護。這是因為維吾爾族的民族和身份問題，越漸參雜著宗教導向的抗爭，如同中亞的其他地方一樣。

兩個社群之間的緊張局勢日益升溫，經常導致暴力事件。2009年，在新疆首府烏魯木齊發生的維吾爾族暴動造成超過150人死亡、800人受傷。恐怖攻擊同樣地層出不窮，這些皆歸咎於維吾爾族極端分子。許多維吾爾族加入了伊斯蘭國或與蓋達組織相關的東突厥斯坦伊斯蘭黨。在北京當局眼中，這些事端成為了它施行極端鎮壓政策的正當理由，而這樣的政策反過來又加深了維吾爾族和當局之間的鴻溝，形成了一種惡性循環。

> 「中國迫使我們採取暴力，以便合理化他們的鎮壓行徑。我們必須維持和平，暴力不是解決的方法。」——熱比婭·卡德爾（Rebiya Kadeer），代表維吾爾族在海外發聲的人士

焦點

為打擊「宗教極端主義」，中國當局對新疆的穆斯林採取了許多限制宗教自由的措施。如今，禁止「蓄過長的鬍鬚」或穿戴全罩式面紗、限制青少年進出清真寺，而「拒絕觀看國家電視台」便足以被視作可疑分子；網路監控變得普及。不過人權組織認為這些措施將適得其反。

要點

新疆在中國的「一帶一路」戰略中佔據了重要地位。這條新絲綢之路貫穿中亞，將中國與歐洲串連起來。近年來，新疆建設了許多重要的基礎設施，包括此區域的第一條高鐵。維吾爾族擔心這樣的經濟發展會吸引更多的「殖民者」至他們的領土，更加劇他們的邊緣化。

中國的「蠻荒西部」

19 反叛的香港

1997年7月1日，在傾盆大雨之中，英國的米字旗在香港最後一次降下，換上中華人民共和國的五星紅旗，結束150年的英國殖民統治。負責將這段歷史篇章畫上句點的查爾斯王子，乘坐皇家遊艇離開。

1984年，英國首相柴契爾夫人和手握中國實權的鄧小平達成協議，將這個在19世紀鴉片戰爭期間被大英帝國佔領的殖民地歸還給中國。他們達成同意採取一個嶄新方針：「一國兩制」，允許香港在半個世紀內保留其自由和行政系統，同時成為中國的一部分。

1997年，中國共產黨進入這個資本主義的聖殿，原本擔憂的恐慌並未發生。相反的，許多香港人希望能夠從中國指日可待的經濟繁榮中受益，而不必擔心會被迫接受另一端的政治限制。

後殖民時代的動盪不安

一開始，北京遵守了這項協議，甚至在1997年亞洲金融危機和2003年SARS病毒癱瘓香港經濟時伸出援手。但這段蜜月期並未持續太久，首先是香港居民與大陸旅客之間由於歷史因素造成的文化落差；接著出現一些不得民心的決策，例如推廣普通話（指北京官話）而非香港主流的廣東話，進一

步加深了不安感；最後，抗議浪潮席捲了年輕世代。這些在 1997 年前後出生的年輕人，並未經歷過殖民時期，本應更容易接受北京的洗腦。導火線是當局希望在學校課綱納入更多的「愛國主義」教育，這激起了高中生的反抗聲浪，甚至迫使香港特別行政區政府讓步。兩年後，這些反對愛國教育的領袖成為「雨傘革命」的主力（雨傘是這場運動的象徵物）。這群只經歷過中共統治的第一代年輕人，開始「抵抗」。

2014 年，黃之鋒、周永康、羅冠聰等一批「回歸世代」的年輕人發起了要求普選香港行政長官的運動，而不是從選舉委員會中產生──即中央遴選過的名單。在北京當局拒絕他們的要求後，他們發起了「佔中運動」，仿效開羅、華爾街和馬德里的中心區佔領運動。最終，佔中運動遭到鎮壓，其訴求被拒絕；但於焉誕生了一個激進的反對派。

在隨後的立法會選舉中，年輕的民主派候選人大獲全勝，有些人甚至要求香港獨立，這在殖民時期從未發生過。北京的反應也毫不遲疑：三名主要的運動人士被判監禁，其中包括年僅 21 歲的運動領袖黃之鋒！

前所未見的緊張局勢

自回歸以來，香港前所未見的政治緊張局勢，令人擔心北京會擴大施壓。習近平主席在 2017 年回歸 20 週年之際訪港，承諾將尊重「一國兩制」的原則。但他也警告香港人不要越過「底線」。跟在

> 「任何危害中國主權和安全的活動（……）都會觸碰到底線，絕不容允許。」──習近平

西藏或新疆一樣，「分裂主義」是不容允許的。

更宏觀地來說，這牽涉到的是香港的未來。中國中央政府長期以來獨厚上海，雖然其金融實力尚未企及香港在國際上的地位，但卻集關注於一身。隨著中國經濟的開放，香港不再扮演中國的仲介角色。

香港既憂心將不再是昔日的亞洲「樞紐」，也擔心中國在當地益加顯著的影響力。1997 年，國際媒體曾經質疑香港這個自由之地是否將動搖中國的政治，抑或中國的威權主義會在此前殖民地留下深深烙印。20 年之後，我們已經知曉答案。

焦點

俗稱的「本土派」，指的是捍衛香港人的身份而對抗中國的政治派系。在 2016 年的香港立法會選舉中，該黨有兩名候選人當選，跌破眾人眼鏡。在宣誓就職時，兩位當選者梁頌恆和游蕙禎引起了軒然大波，因為他們以諧音「支那」稱呼「中國」——這是日本人在佔領香港（1937 年至 1945 年）期間對中國的稱謂。兩人的下場是被褫奪議員資格。

要點

香港擁有 600 萬居民，人均所得高於法國或美國，但財富卻分配不均。這種差距特別體現在住宅層面，香港是世界上人口密度最高的地區之一：每平方公里有 6357 人，大多數人擠在節比鱗次的高樓大廈裡，或住在兩平方公尺的「籠屋」裡，而著名的「富豪大亨」、億萬富翁們，則住在綠意盎然的豪華別墅中。

香港與「中國大陸」的對照

與中國的貿易
佔總貿易的百分比

- 1997: 36,3 %
- 2016: 50,8 %

香港人均所得
佔中國人均所得的百分比

- 1997: 18,4 %
- 2015: 2,8 %

貨櫃碼頭
貨櫃吞吐量（百萬TEU〔20呎標準貨櫃〕）

上海
香港

2001 — 2009 — 2016

20 臺灣：一個或「N個」中國？

1949年10月1日，當毛澤東在北京宣布中華人民共和國成立時，反對勢力——國民黨離開了中國大陸，退守福爾摩沙島（臺灣）。國民黨最高統帥蔣介石和兩百萬潰敗的士兵在此安頓，當時他們認為這不過是一時的流亡。

這座島嶼或稱福爾摩沙，由16世紀早期葡萄牙探險家命名；或在傳統上稱作臺灣；或從官方角度稱作中華民國。近70年來，它是各種爭議、政治、外交甚至具重要象徵意義的議題核心。臺灣海峽（或稱福爾摩沙海峽）的緊張局勢時不時地發生，該海峽在最窄處只有130公里，位處中國大陸與臺灣之間。

臺灣有著特殊的歷史，與中國時而緊密、時而分離。在19世紀末，特別是1895年中國戰敗於日本之後，日本帝國把臺灣納為殖民地，直到1945年二次大戰結束殖民為止，而蔣介石的國民政府便在此時重新掌控了臺灣。

自1945年以來，臺灣在國民黨嚴密的統治下以及與中國大陸的衝突之中，展開一段痛苦的歷史。從一開始，新來的統治者便與這些遠離中國數十載的居民產生矛盾，這些緊張情勢在1947年的二二八鎮壓事件中達到巔峰，導致約3萬人的喪生，成為持久性的民族創傷。戒嚴令旋即發布，開啟了歷史上被稱作「白色恐怖」的時期。

終身總統

1950 年 3 月，蔣介石正式定居臺北，成為中華民國的終身總統。對於他當初不得不棄守的政權，他希望能重新延續下去。

西方國家持續支持臺北的中華民國政權，強行讓它成為聯合國上的唯一中國代表，更讓它成為聯合國安理會的五個常任理事國之一。

這個不合時宜的情況持續至 20 世紀 70 年代，中國大陸的毛澤東無力征服臺灣，而蔣介石也無法實現反攻大陸的雪恥夢想。直到 1971 年，北京取代臺北在聯合國的席位，而美國當時正與北京正在秘密談判，拉攏彼此關係，以便在冷戰時期更有效地抵禦蘇聯。

1972 年，第三十七任美國總統理查·尼克森拜訪北京，這是 20 世紀外交關係最戲劇性的一段歷史，為蔣介石的夢想鳴起喪鐘。七年後，美國和中國建交，美國承認「一個中國」的原則，把承認臺灣為「另一個中國」或是作為獨立國家的可能性排除在外。然而，美國並未完全拋棄前盟友：1979 年美國國會通過了《臺灣關係法》（Taiwan Relations Act），准許美國對臺灣販售軍事武器，並且保護這個反共島嶼的安危。

臺灣沒有回歸「祖國大陸」的懷抱。相反的，隨著時間推移，一股「臺灣認同」逐漸成形，尤其是在「大元帥」之子蔣經國推動民主化之後。蔣經國在 1975 年其父去世後繼任總統。在他執政時期，解嚴、開放黨禁和報禁，同時臺灣成為了 70、80 年代的「亞洲四小龍」之一，經濟成長銳不可當。

民主化

蔣經國的繼任者李登輝是第一位在臺灣出生的領導人，他翻開了嶄新的一頁；2000 年主張臺灣獨立的民進黨的陳水扁上台後，更確立新時代的到來。這次政黨輪替之後，國民黨於 2008 年再次執政，隨後民進黨在 2016 年重回執政。

北京並未放棄對臺灣的主張，並保證如果臺灣宣布獨立，將即刻武力犯臺。但中國現今更依賴自身的經濟實力和吸引力，贊助臺灣的投資者和學生。臺灣則處於國際法之外的灰色地帶，雖然活在極權鄰國的陰影下，卻擁有真正的民主制度。只要沒有發生實質的動盪事件，維持現狀對所有人都有利。

> **2 萬 4000 美元：這是 2017 年臺灣的人均國內生產毛額，讓臺灣躋身先進國家之列。***

焦點

臺灣當代歷史的強人——蔣介石，於1975年去世。現在若想一睹他的雕像，可以前往臺北市中正紀念堂。這位20世紀中國歷史上的重要人物，在1949年以前都是毛澤東在中國大陸的勁敵。不過實際上，他已經成為臺灣集體記憶中的「不受歡迎人物」，一個所有人都希望從記憶「抹去」的暴君——包括他曾經領導的國民黨黨內亦如是想。

＊註：臺灣2024年GDP為3萬4,040美元。資料來源為勞動部全球資訊網。

要點

誰才是「真正的」臺灣人？這個問題在島內引發分歧，長久以來造成兩個的群族對立：一個是19世紀來自中國沿海省份的移民，另一個是1949年跟隨蔣介石遷臺的後代。然而，這個議題忽略了真正的土生土長的族群，這些原住民總共約有50萬人（總人口數為2300萬居民）。這些群族的權利如今受到了重視，不僅擁有國會議員的代表，並享有文化認可和經濟上的優勢。

臺灣──「另一個中國」

第三部

主要的十個地緣政治議題

21 中國在國際舞台扮演何種角色？

長久以來，後毛時代的中國希望在國際舞台上低調行事和避免鋒芒太露，儘管它的經濟實力越來越不容小覷。如今，中國毫不猶豫地將自己定位為一個新興強國。它要求能跟其他大國平起平坐、以及爭取與國力和悠久歷史相稱的影響力，並在國際舞台的各個層面，追求自己利益和宣揚它的「後美國世界」願景——按評論家法理德・札卡瑞亞（Fareed Zakaria）的用詞。[24]

自 1979 年起主導經濟改革的中國領導人鄧小平，主張在外交事務上採取「韜光養晦」的策略，以便在不引起鄰國和合作夥伴恐慌的情況下，讓中國茁壯發展。儘管如此，中國在同年 1979 年，為懲罰越南仍發動了一次短暫的戰爭。

隨後，中國國家主席胡錦濤（2002 年至 2012 年）提出了「和平崛起」的概念，同樣是為了消除其他國家的疑慮。這一時期正值中國經濟迅速而驚人的成長，以及 2008 年北京奧運會和 2010 年上海世博會等盛會的舉行，標誌著中國的「復興」。

一個世界強國

自那時起，中國的言詞和立場急轉直下：習近平領導下的中國不再猶豫扮演大國角色，在國際上的政治影響力與日俱增。

首先對原物料的爭奪，這使

中國深入過往鮮少開採的地區：如沙烏地阿拉伯和安哥拉的石油、秘魯的銅礦、巴西的大豆等；接著，由於中國必須保護在東南亞或非洲之角附近海域的航線，以至在吉布地（Djibouti）設立了首座海外軍事基地；最後，中國提升了它在國際組織中的影響力，如國際貨幣基金組織（IMF）。

這一國際布局對亞洲的衝擊特別顯著，中國跟許多鄰國保持著既悠久又偶有衝突的關係。這些衝突事件仍餘波未平，例如中日戰爭（1937年至1945年）的歷史創傷，從未像德法之間那樣獲得和解。中日關係至今仍受到這些記憶的影響，它時不時被當作政治工具、或是受激昂的民族主義所召喚。

> 「冷靜沉著，韜光養晦，決不當頭，有所作為。」
> ——鄧小平

無獨有偶，中國與亞洲區其他國家也存在領土或海洋劃界爭議：如2017年與印度邊界的緊張局勢，或在南海的爭議；或僅是中國政府擴展至鄰國的專制行為：南韓在2017年便深受其害，當時首爾決定接受美國在其領土部署薩德反飛彈系統（THAAD），導致中國對南韓採取了嚴厲的經濟反制措施。

北京並未採取什麼實質行動，來緩解許多鄰國的擔憂，後者認為中國恢復了昔日的帝國野心，目標是成為亞洲的強國，甚至是霸權。這造成了中美之間的緊張關係，因為自二次大戰以來，美國一直是亞洲區的主要強權，也是其盟友的靠山，還在更廣泛的層面上維持某種平衡。而川普的舉棋不定助長了此一局勢的失衡。

一帶一路

中國不滿足於誇耀國力。它以新「絲綢之路」的形式，在亞洲及其他地區部署了一個全球性的戰略計畫，目標是發展中國、歐洲和非洲之間的基礎建設和投資。中國藉由數千億美元的注資，扭轉了以往由西方主導的全球化規則。

2018年1月，法國總統艾曼紐・馬克宏（Emmanuel Macron）參訪中國，呼籲中法關係中的「對等性」。這是中國如何融入全球體系的重大議題：中國會接受開放的多邊主義，還是會利用它的國力和處於上風的「歷史機遇」，要人照著它規矩走？這將是習近平時代的首要議題。

焦點

　　《戰狼 II》，是一部 2017 年上映的中國冒險片，其票房表現大放異彩。傳遞的訊息與美國同類電影一樣明確：中國是偉大的，但前提是它必須獲得全世界尊重，並且捍衛其利益；而這只能藉由中共領導的強大軍隊和以中國人為豪的國民來實現。影片中的英雄是一名中國特種部隊士兵，拯救了在非洲某國遭到西方僱傭兵殘酷虐待的中國和非洲平民。

要點

　　2018 年，約有 2000 名、高舉聯合國旗幟的中國維和部隊，被部署至黎巴嫩、馬利、剛果民主共和國、南蘇丹等多個國家──這個相當新穎的現象，突顯了中國在國際舞台上的日益活躍。中國參與了共 24 次的聯合國維和任務，12 名中國士兵因公殉職。這項計畫背後的政治意味濃厚，而北京是背後的第二大金主。

中國及其鄰國充滿紛擾的陸地和海上邊界

跟周邊國家的複雜關係
── 未明確劃分或有爭議的邊界

領土：
- 中國聲張的領土
- 印度聲張的領土
- 中國、印度和巴基斯坦爭議的喀什米爾地區
- 中國聲張的南海

- 歷史上的西藏區域，流亡藏人要求獨立
- 藏人流亡區

美國勢力範圍
- ★ 少於兩萬名士兵的軍事勢力（基地、外部行動）
- ⋯ 美國的盟國

戰略性地
- ◇ 主要經濟特區
- → 主要海上走廊
- ⫫ 重要的麻六甲海峽
- 中國在「珍珠鏈」上的支援據點
- ☢ 擁有核武的國家
- ☢ 涉嫌研發核武的國家

地名：俄羅斯、北韓、日本、南韓、東海、太平洋、中國、北京、雄安新區、上海、廈門、汕頭、深圳、珠海、香港、海南、臺灣、菲律賓、南海、泰國、印度、錫金、阿魯納恰爾邦、阿克賽欽、喀什、喀什米爾、巴基斯坦、伊朗、印度洋、麻六甲海峽

1 000 公里

22 中美關係：21世紀的核心議題

　　中美是否能逃脫「修昔底德陷阱」——即由於雙方的互不相信而不可避免發生衝突？這一詞源自於西元前五世紀斯巴達和雅典——既有強權跟新興強國之間的對立。美國學者格雷厄姆・艾利森（Graham Allison）針對此議題在 2017 年出版了一本書，分析為何兩個強權在 21 世紀可能會擦槍走火、引爆衝突。[25]

　　就像美蘇對抗形塑了 20 世紀一樣，華盛頓和北京之間的關係極有可能決定 21 世紀的走向。當然，其他國家如俄羅斯、印度，或是假設重新崛起的歐洲，也可以成為多極世界中的霸權之一；但中美是唯二在經濟、軍事和全球布局都擁有足夠實力，能夠在國際上掌握話語權的國家。

　　兩國關係的歷史顯然十分複雜。二戰之後，當中國大權旁落毛澤東的共產黨時，美國展開了一場激辯：「是誰丟掉了中國？」（Who lost China?）。緊接著是一段漫長的冷戰時期，直到 1972 年尼克森總統參訪北京，中美關係才戲劇性的破冰，當時兩國將茅頭指向了共同的「敵人」——蘇聯。

競合關係

　　自從中美關係恢復正軌、尤其是在冷戰結束、雙方的「共同敵人」消失之後，兩國便在競合之

間猶疑不定。比爾・科林頓（Bill Clinton）曾提到「戰略夥伴關係」，但其繼任者小布希（George Walker Bush），則將雙方定位為「戰略競爭關係」。

實際上，中美包含了這兩種關係的元素，儘管雙方在許多議題上攜手合作，卻也掩蓋不了明顯的戰略較勁——尤其在亞洲地區，美國自1945年以來一直是該區的強權。

中美關係可謂「相吸又相斥的矛盾綜合體」[26]。這一點在中國身上尤為明顯，美國既是中國看齊、也是需要迎頭趕上的模範生——從生活方式，至最耗能源的消費方式皆然，但同時它在毛澤東時期裡的「美帝形象」仍根植於社會。

1979年，在毛澤東時代終結之後，鄧小平出訪美國並停留一段時間，他將這股對美國的狂熱表現得淋漓盡致——在那裡留下一張中國領導人頭戴牛仔帽的著名影像。這次訪問為時值「改革開放時期」的中國，敲開了合作的大門。但1989年6月的天安門血腥鎮壓事件，不但澆熄眾人所懷抱的「改革將帶向民主化」之希望，還重挫中美關係。

網絡攻擊

自此以來，兩國在各種議題上爭紛不休，包括中國對美的巨額貿易順差、中國的貨幣政策、商業間諜活動；美國指責由中國政府控制的駭客進行的網絡攻擊、兩岸議題、北韓問題，甚至中國在爭議的南海水域軍事部署等。

這場競爭的核心是爭奪亞洲這個最劍拔弩張地帶的主導權，而一連串的危機事件，將可能使兩國陷入所謂的「修昔底德陷阱」。

川普兩次入主白宮，雖為中美關係增添了不確定性，但對北京而言是大展優勢的良機。

> 一名中國官員形容中國所持有的美國國債是「真正的未爆彈」。

第三部　主要的十個地緣政治議題　097

焦點

臉書（Facebook）創辦人馬克・祖克柏（Mark Zuckerberg）對中國興趣盎然，他不僅學習中文並定期與中國高官會面、曾被拍到在故宮前慢跑，並在中國高官來訪時，把習近平語錄隨手攤放桌上，毫不遮掩自己進軍擁有14億人口大國的野心。儘管他費盡心力，直到2018年，臉書仍然被中國的審查制度阻擋在外，無法進入這個全球最大的市場。

要點

前美國國務卿亨利・季辛吉（Henry Kissinger）是最早跟北京建立聯繫的主要人物，早在尼克森總統1972年訪華之前，即是重要的斡旋者。在其著作《論中國》中，他呼籲要避免中美衝突：「毫無疑問，如果美中陷入戰略衝突，亞洲將可能出現類似第一次世界大戰前歐洲的局面。」

美國自2000年以來與中國的貿易逆差

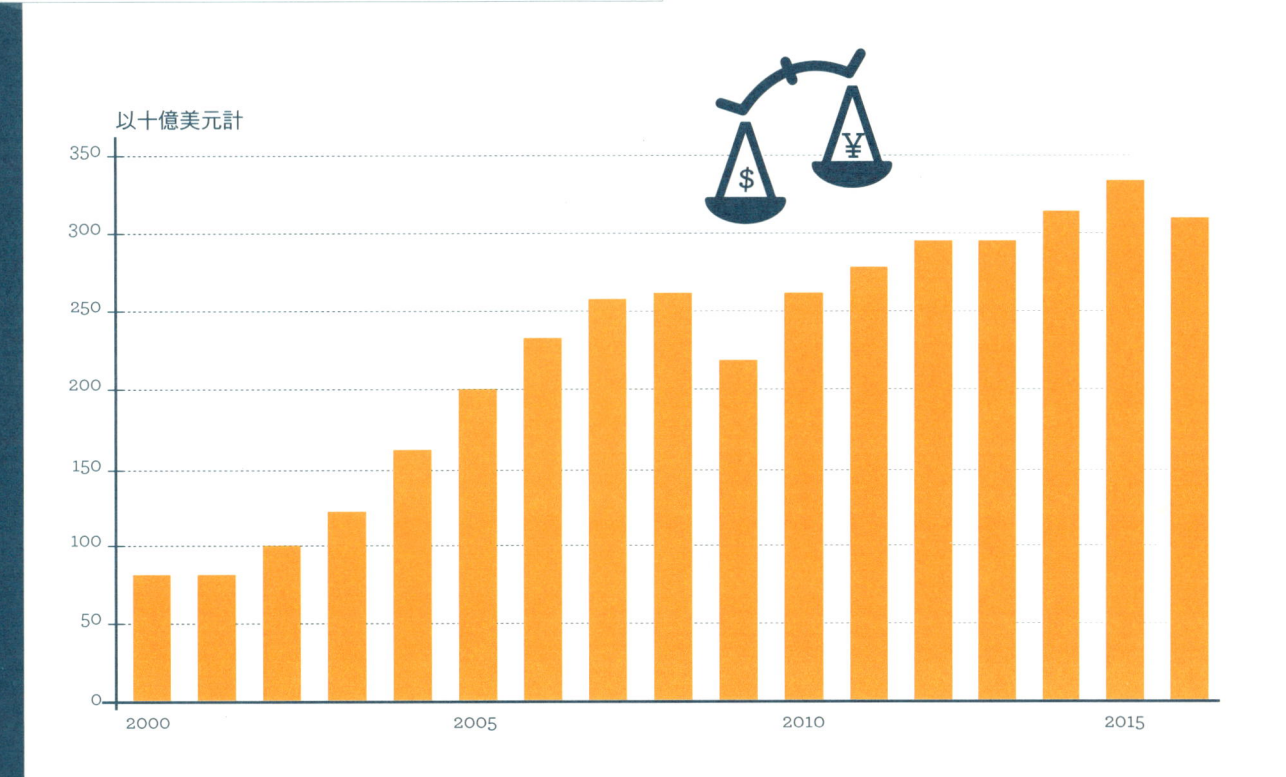

以十億美元計

23 南海對峙衝突

中國與亞洲鄰國的關係無法一語道盡。它在歷史上與日本有著複雜、痛苦且激烈衝突的關係，和「另一大國」印度則是忽遠忽近的關係，這是由於中國國力和影響力跟其他亞洲區域國家的不對等，以及長年累月的不愉快回憶所致。

毋庸置疑，中國的崛起及其領導人高漲的信心，改變了亞洲的權力平衡和各國對中國的看法。與中國強權的關係逐漸成為亞洲地區國家的核心議題：無論是在貿易和經濟上的競爭、在領土或海域劃界的爭端，抑或是自二次大戰以來基於美國「保護」而維持的區域平衡。

美國在沒有明說的情況下，開始實行圍堵戰略，這個詞彙源於冷戰時期對蘇聯的政策。從2000年美國與昔日死敵——越南拉攏關係，便可看出這一跡象，越南在1979年曾經遭到中國短暫侵略，至今與北京的關係仍緊繃。2014年，越南發生了排華暴動，造成超過20人死亡，這是越南與中國船隻在南海對峙後引發的衝突。

海上緊張情勢

目前的主要衝突多發生於海域，原因多來自領土爭端以及中國的侵略性策略。北京政權與日本、越南、菲律賓、印尼、臺灣、馬來西亞以及汶萊之間皆有爭端，涉及的議題是中國對石油、天然氣和漁

業資源的掌控，但或許更是要宣示主權和展現實力。鄰國不僅對中國這些行徑如坐針氈，還得承受境內愛國主義份子煽動的輿論壓力。

在日本地區，中國海、空軍反覆入侵由日政府控制、但中國聲稱擁有主權的釣魚臺（日本稱尖閣諸島），引起驚惶不安。2013 年，北京甚至宣布在釣魚臺上空設立「防空識別區」（ADIZ），此單方面的舉措遭到日本和美國的譴責。在此背景之下，前日本首相安倍晉三對日本自二戰以來的「和平憲法」逐漸提出質疑。

西沙群島（1974 年，中國與越南共和國之間爆發戰爭時，被短暫的佔領）及在更南方、有多個國家宣稱主權的南沙群島，也存在類似的爭端。2014 年，中國在無事先知會的情形下，於西沙群島附近水域安裝了一座石油鑽井平台，這引發了與越南的首次海上對峙，並造成越南國內的排華暴力示威。

緊張局勢的重心，最後轉移至某個鄰近菲律賓的南海海域。中國在 2010 年代開始在珊瑚礁造島，把它們搖身變成真正的浮動軍事基地，興建自己的起降跑道。

「九段線」

中國以一張古老地圖上的「九段線」，宣稱擁有此區域的主權，這條線圍繞中國南方海岸，範圍約 1500 公里，涵蓋了整個南海。此主張受到南海各國的強烈質疑，菲律賓尤其不滿，時任總統的艾奎諾三世（Benigno Aquino）是唯一一個向國際海事法庭提出訴訟的領導人，其繼任者羅德里戈・杜特蒂則選擇與北京重修舊好，換取經濟的頻繁往來。

南海是該區域國家必經的海運路線，其主權議題也引起航行自由的疑慮。美國海軍經常在中國人工島的 12 海里（22.2 公里）之外──即國際水域，展示軍旗。2017 年，一艘法國護衛艦也首次在該區執行任務，以維護「航行自由」。

這一局勢讓東南亞國家擔心中國越來越強硬的態度。毫不令人意外的是，亞洲已經成為全球軍費開支最多的地區。

> 「任何國家都無權對中國在南海的軍事建設指手畫腳。」──中國政府，2015 年

焦點

唯一有權處理國際爭端的機構——海牙常設仲裁法院（CPA），在 2016 年 7 月針對南海仲裁案作出了（至今為止）唯一的裁決。此案是菲律賓因其漁民受到中國海軍騷擾，而提出申訴。國際法庭認為中國的主權聲張毫無法律基礎，並要求讓菲律賓漁民重返爭議水域執業。北京斷然拒絕法院的裁決結果。

要點

海南島（位於中國南方）的漁民，在中國南海爭議的戰略部署中，扮演著重要角色。2013 年，習近平主席上任一年後，曾親自訪視這些漁民，鼓勵他們前往越南聲張的南沙群島捕魚，並登上了一艘曾被菲律賓海軍扣留檢查的船隻。這是中國以「既成事實」捍衛主權的方式。

中國在南海的「九段線」領土主張

南海──受爭奪的角力海域
- - - - 根據《海洋法公約》的專屬經濟區
▨ 被聲討主權的南海區域
● 衝突地帶

海洋領土主張：
— 中國主張
— 越南主張
— 菲律賓主張
— 馬來西亞主張
— 汶萊主張

中國、臺灣、東海、釣魚臺列嶼／尖閣諸島、太平洋、印度洋、越南、西沙群島、民主礁、南海、菲律賓、南沙群島、馬來西亞、汶萊

1 000 公里

24 印度——「另一個」亞洲強權

幾年前，中國和印度之間尚未有直航班機，顯示出這兩個亞洲大國的關係薄弱，它們是全球人口破十億的「唯二」國家。不過這樣的異常現象已經得到改善：這兩個毗鄰的國家，都是新興市場國家、「金磚五國」（巴西、俄羅斯、印度、中國和南非）的成員。它們嘗試化解分歧和消弭競爭，以找到共存共榮的方法，即便結果總是事與願違。

這兩個古老亞洲文明之間的聯繫，悠久而深遠：每個中國人都聽過《西遊記》這部中國文學經典，它講述僧人玄奘及長生不老的猴子孫悟空共赴印度取經的故事。但自從印度獨立以來，這兩國時不時發生衝突。

1962年，在藏傳佛教領袖達賴喇嘛逃往印度三年之後，雙方關係已經相當緊繃，隨後中印在喜馬拉雅山西部發生了一場武裝衝突，中國為了修改英國所劃定的邊界而發起了這場戰爭。中國軍隊出其不意，成功佔領了至今仍受中國控制、但印度聲討主權的阿克賽欽（Aksai Chin）；中國還聲稱握有印度阿薩姆邦的一部分領土。

冷戰之後

這場短暫的武裝衝突，導致了3000名印軍喪生，不但留下未癒合的傷口，並引發嚴重的政治後果——加速擴大中國和蘇聯之間早已產生的裂痕，後者站在印度一方，而中國則與巴基斯坦越走越近。

這些邊界爭端遠未平息。2017

104　GÉOPOLITIQUE DE LA CHINE

年6六月，在喜馬拉雅山海拔3000多公尺的都克蘭高原（Doklam，中國、不丹、印度三國交界處），兩國大戰幾乎一觸即發。這是中國聲張主權、但由不丹控制的一塊領土。由於中國要修建延伸至爭議地區的道路，因而差點引起武裝衝突。作為不丹保護國的印度，與中國軍隊對峙了數週之久。

2017年9月，在衝突降溫的幾天後，中國和印度領導人在廈門舉行的第九屆金磚國家峰會面露微笑，儘管兩國關係仍透著硝煙味。

這兩個強國顯然嘗試化解誤會，但信任感仍難彌合。在2000年代，兩國領導人試圖打造夥伴關係，希望彼此截長補短：當時印度軟體產業風生水起，而中國則以硬體見長，聯手的話很可能達成雙贏。不過這樣的局面並未實現，即便雙方之間經貿往來大幅提升。

印度在看見中國經濟起飛時既羨又懼，因為它自身的發展窒礙難行。「全球最大的民主國家」、中產階級、高比例的說英文人口——這些重質不重量的優勢，在「世界工廠」的中國面前迅速瓦解，後者的經濟開放政策與印度官僚體系的繁文縟節形成截然對比。

印度的甦醒

中國的崛起無疑地促成了印度的「甦醒」。過去十年以來，印度在經濟發展迎頭趕上，有時候成長率甚至超過了2010年代受到經濟放緩影響的中國。只不過，無論是國內生產毛額（中國為印度的五倍），抑或人均所得，印度仍難望其項背。即便如此，兩國如今都加入了這場急速發展的競賽。

印度對中國仍存有戒心，因此拒絕參與北京一帶一路的恢宏計畫。這種敵意一部分是出自中國與印度鄰國和宿敵——巴基斯坦的合作計畫「中巴經濟走廊」（CPEC）。北京將在這項戰略計畫中投資數百億美元，讓中國人在巴國打造延伸至瓜達爾港（Gwadar Port）的走廊，並宣布在港口附近開設海軍基地，這無疑激起印度更深一層的擔憂。

「關鍵在於，21世紀的亞洲能否讓兩個大國共存？」亞洲中心研究所主任梅格里歐（Jean-François Di Meglio）說道。若答案為否，後果將不堪設想。

> 「印度不費一兵一卒就在文化上征服並統治了中國二千年。」
> ——哲學家胡適*

焦點

　　非洲已經成為中印角力的戰場。中國早已遙遙領先，但印度總理納倫德拉・莫迪（Narendra Modi）採取了多項措施以急起直追。印度簽署了許多經濟協議，並跟中國一樣，與亞洲大陸各國主辦了高峰會。新德里政權採取了不同的策略：「印度因為超趕不了中國，於是嘗試採取一種更柔和的軟實力策略」，歐洲智庫「歐洲外交關係協會」（ECFR）在2016年的一份報告中指出。

---

* 這句話來源並非胡適；印度內政部長辛格（Rajnath Singh）在2017年10月的旅遊慶祝活動致詞時作出這段發言，並表示這句話出自胡適。

要點

　　長久以來，中國的人口數量之多，令人嘆為觀止，似乎注定繼續穩坐世界上最多人口國家的寶座。然而，中國的計畫生育政策及印度推行節育計畫時的碰壁，扭轉了此趨勢，中印人口成長曲線已在2023年出現交叉點。儘管中國已放寬生育限制以提升生育率，印度人口已在2021年破14億，成為世界上人口最多的國家。

中印之間的爭議地區和邊界區段

中印衝突地帶
— 爭議邊界

管轄區域：
- 由中國管轄、印度聲張主權的領土
- 由印度管轄、中國聲張主權的領土
- ✺ 軍事衝突區
- 喀什米爾：中國、印度和巴基斯坦爭吵主權歸屬的領土

阿克賽欽 1962

喀什米爾

巴基斯坦

印度

中國

西藏（自治區）

尼泊爾

加德滿都

拉薩

錫金 2017 亭布 不丹

阿魯納恰爾邦

孟加拉

達卡

緬甸

200 公里

25 中非友好年代

「中國在非洲」（Chinafrique）這一新創詞彙已經廣為流傳，如同「法國在非洲」（Françafrique）一樣，指法國與前非洲殖民地之間暗地結盟的關係。[27]「在短短幾年間，中國在非洲的影響力，已經從地緣政治專家的圈內精深議題，轉變成國際關係和非洲大陸日常生活中的核心議題」，2008 年最先關注此議題的作者群這樣解釋。十年後，這一現象更顯而易見。

在 1990 年代末期和 2000 年代初期，中國重返了黑暗大陸；稱作「重返」，是因為中國在非洲曾經有過「第一段經歷」，當時它以大國之姿支持革命，幫助坦尚尼亞和尚比亞抵抗南非的種族隔離政策、修築鐵路，或派遣農業顧問幫助馬利農民……但共產意識形態如今已無用武之地。一位專家解釋，從北京的角度來看，中非合作對中國來說有三重目的：確保重工業所需的原物料供應、為中國企業提供發展機會、鞏固其影響力並獲得新的盟友。[28]

被遺棄的非洲

中國之所以能將觸手伸進非洲，是因為「自然厭惡真空」，套在地緣政治上同樣適用。西方大國相繼棄守或忽視非洲：1960 年代去殖民化後的英國；法國在冷戰結束後，除了安全問題之外，對非洲一概漠不關心；美國對非洲的政策則是說一套做一套。

當中國經濟起飛、對原物料

需求激增時，便填補了此一空缺。1990年代末期，中國在非洲首度踏上的土地，恰好是非洲大陸的礦產分布地帶：蘇丹和安哥拉的石油、尚比亞的銅礦、幾內亞的鋁土礦、辛巴威的稀有礦產⋯⋯

中國的足跡逐漸遍佈整個非洲大陸。位於阿迪斯阿貝巴（Addis-Abeba）的非洲聯盟新總部大樓，即是中國贈給這個泛非組織的禮物；其他地方則有嶄新的體育場、會議中心、公路或鐵路。中國甚至在印度洋上的吉布地，建立第一個海外軍事基地，這些都是伸出政治和經濟觸角的明顯象徵。

造成的結果是：中非貿易額比整個歐洲與非洲的貿易額高出三分之一，比美非貿易額高出三倍。過去十年來，中國對非洲的投資不斷增長——這些僅佔中國對全球投資總額的3.5%；此外，截至2017年，計有超過一百萬的中國人在非洲大陸定居。反過來，值得留意的是，有數萬名非洲人在中國（特別是廣州）生活和工作。

中國官方聲稱對其投資或經貿的關係，並無附帶任何政治條件，除了承認「一個中國」原則：幾乎所有的非洲國家都已經與臺灣斷交，轉往支持北京，僅剩史瓦帝尼（Eswatini）仍然支持臺灣。

援助的附加條件

事實上，中國創造了依賴關係：例如，安哥拉接受了中國20億美元的貸款來發展國內基礎建設，並以石油和天然氣代償。

> 「中國和非洲是好兄弟、好朋友和好夥伴。」——前中國外交部部長楊潔篪，2013年

中國挹注非洲的金流之中，只有極少部分符合經濟合作暨發展組織的國際援助標準，這使得非洲國家擔心，就在它們剛擺脫西方的債務之際，又要面臨積欠中國的龐大債務。

中國的這番大舉進軍，並非毫無波折。文化的誤解、管理方式的大相逕庭，或是中國商人對經濟活動的控制，時常引發衝突。中國在尚比亞投資礦業，2012年，一位中國礦長遭憤怒的工人殺害。人權觀察組織（Human Rights Watch）的一份報告裡，指出了中資企業中的惡劣工作條件和低廉薪資。

縱有諸多不合拍，中非仍將繼續維持長久關係。中國現在除了必須面對前殖民強權、也得面對其他新興國家的競爭：如印度、土耳其或巴西。然而，許多非洲人不禁懷疑這片大陸是否有朝一日能團結起來，從這些競爭關係中獲得最大利益，而不僅僅淪為爭奪的角力場。

焦點

在 2014 年出版的書籍《中國的第二大陸》（*China's Second Continent*）中，美國記者傅好文（Howard French）採訪了一些選擇在非洲生活和工作的中國人。一位在莫三比克買了土地的中國人，甚至鼓勵其長子與當地一名非洲女性結婚，他解釋這麼做是為了讓家人被當地居民長久地接納。這是文化深層轉變的眾多例子之一：這不僅只是投資和戰略，更涉及人情故事。

要點

肯亞於 2017 年盛大啟用了一條全新鐵路，這條長達 300 公里的鐵路連接首都奈洛比和蒙巴薩港，是自獨立以來最大的基礎建設投資計畫。這項讓肯亞人引以為豪的指標性工程，是由中國資助並建設。然而，肯亞媒體質疑國家將如何償還中國提供的 40 億美元貸款，因為這不是一項發展援助，而是正式簽訂的合約。

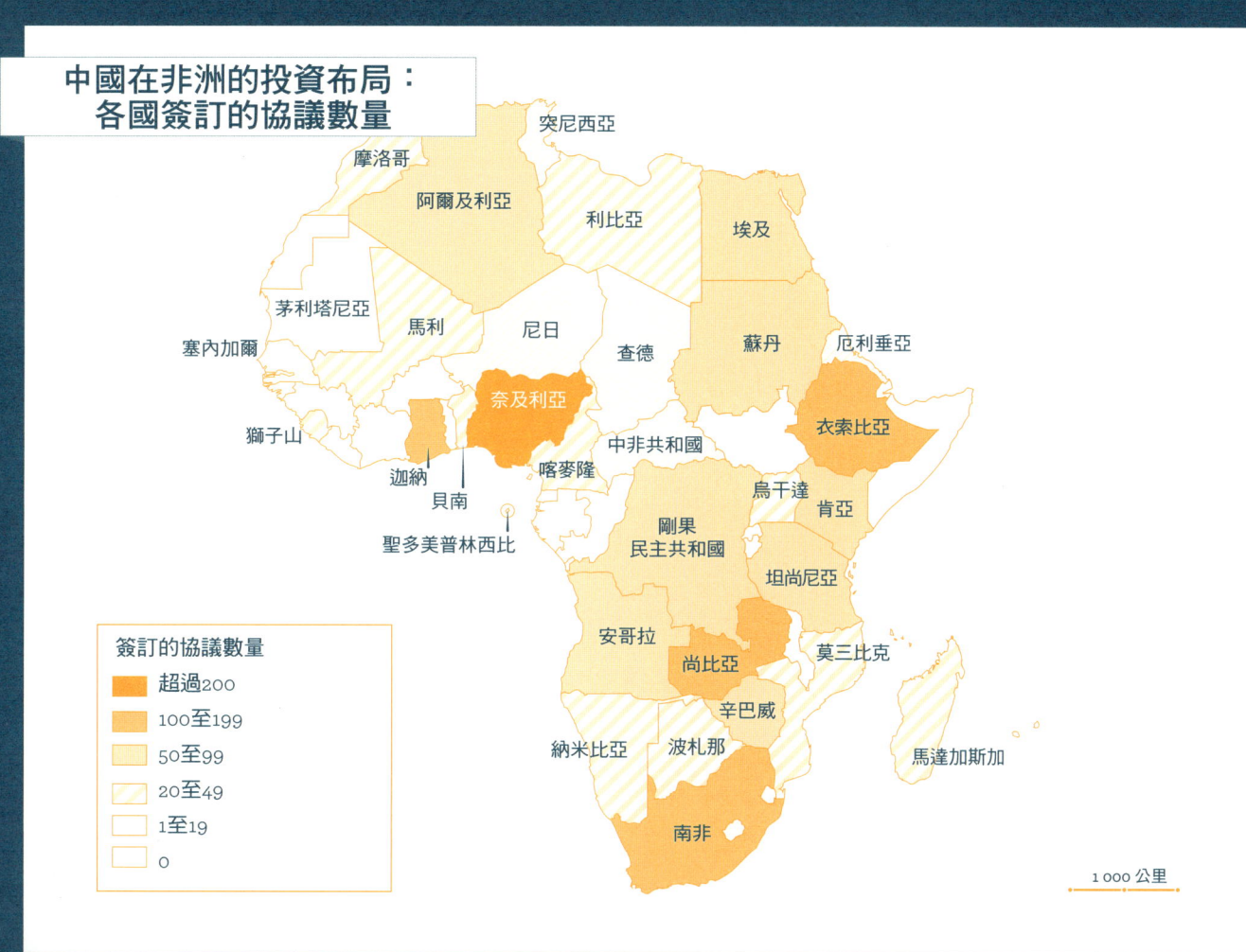

中國在非洲的投資布局：各國簽訂的協議數量

簽訂的協議數量
超過200
100至199
50至99
20至49
1至19
0

摩洛哥、突尼西亞、阿爾及利亞、利比亞、埃及、茅利塔尼亞、馬利、尼日、查德、蘇丹、厄利垂亞、塞內加爾、獅子山、迦納、貝南、奈及利亞、喀麥隆、中非共和國、聖多美普林西比、衣索比亞、烏干達、肯亞、剛果民主共和國、坦尚尼亞、安哥拉、尚比亞、莫三比克、辛巴威、納米比亞、波札那、馬達加斯加、南非

1 000 公里

26
中俄撲朔迷離的「愛恨情仇」

　　1950年，在中華人民共和國成立幾個月後，最常聽見的口號是：「今日蘇聯，明日中國。」近70年之後，這個情況顯然未成真。然而，當年由史達林與毛澤東在莫斯科締結的同盟，如今在普丁領導的俄羅斯與習近平治理的中國之間重新上演，即便地緣政經環境已大不相同。

　　在這兩段時期中間，中蘇關係乃至中俄關係的歷史並非呈線性發展，而是像俄羅斯的山脈一樣起伏不定，歷經意識形態的決裂、相互指責，甚至在1969年為爭奪烏蘇里江上的一個島嶼（珍寶島）發生邊境軍事衝突。這條江注入了取錯名字的「阿穆爾河」（黑龍江的俄文名稱，在法文中可以讀作「愛河」），後者將兩國分隔開來。當時甚至有人認為，中國與蘇聯正瀕臨核武戰爭的邊緣。

　　蘇聯時期與今日的最大不同在於兩國國力的逆轉。當時的蘇聯是一個超級大國，是毛澤東領導下的中國的「老大哥」。中國雖正處大破大立，國家卻貧困不堪、須依賴蘇聯的援助發展工業。而今日，中國是崛起中的大國，經濟領先俄羅斯，後者雖然在普丁的領導下重新獲得了某些影響力，但無法對北京施加壓力。即便如此，這兩個主要大國、昔日的和未來的超級強權之間的密切關係（中國拒絕以「聯盟」這一常見術語來形容），無疑是重大的地緣政治事件。

時勢催化下的聯盟

　　然而，後蘇聯的俄羅斯與後毛的中國之所以結盟，只是時勢所

趣，而不是為了重建一個集結相同意識形態或世界觀的政治軸心。不過，這般協議比許多外部觀察者所想像的更加穩固和持久，絕大部分是因為自 2014 俄羅斯吞併烏克蘭的克里米亞後，冷戰氛圍籠罩普丁執政的俄羅斯，西方國家因此對俄羅斯進行制裁。「這些制裁把普丁推向習近平的懷抱」，一位西方外交官分析道。

事實上，2014 年、實行制裁的同年，俄羅斯強大的天然氣公司（Gazprom），最終與中國敲定了一項談判多年的重要能源供應協議，這份合約價值四千億美元、為期 30 年。處於劣勢的俄羅斯急於達成協議，轉向它僅存的可靠且重要的夥伴。

自那時以來，北京和莫斯科持續加強經貿往來，除了能源領域、還透過一個野心勃勃的共同航空計畫，以跟波音和空中巴士較勁；在聯合國安理會上，它們經常（但並非總是）投下相同一票；它們對由西方強國主導的國際秩序皆心存懷疑。兩國相互支持：中國在烏克蘭議題上支持俄羅斯（雖然對克里米亞戰爭有所保留：北京並不樂見強國併吞鄰國部分疆域的行徑）；俄羅斯則在南海問題上支持中國，甚至在 2016 年 9 月參與該區的大規模軍事演習……習近平與普丁多次舉行雙邊或多邊會談，顯示彼此的友好，特別是當普丁遭西方媒體貶低的時候。

隸屬俄羅斯抑或中國的遠東地區？

儘管如此，彼此仍存有強烈的疑慮。特別是俄國人，當見到大批中國人出現在西伯利亞、直至俄羅斯遠東地區的符拉迪沃斯托克（Vladivostok，海參崴）時──此處已成為中國遊客和投資者的喜愛地標，心裡升起一種基於歷史因素的隱憂。

2009 年，北京和莫斯科簽署了一項史無前例的跨境合作協議，對中國企業開放俄羅斯遠東地區。這裡的部分地區，150 多年前曾屬於中國，它僅占俄羅斯總人口的 5 %，占西伯利亞 14 %，但這些地區擁有取之不盡的豐富礦產資源和土地。此外，莫斯科不得不懷疑，北京是否打算介入他們目前尚無進展的歐亞計畫，奪取領導權。

從中國角度來看，擔心的是俄羅斯政治的穩定性。北京的領導人視戈巴契夫（蘇聯最後一位領導人）為反面教材。他們對俄總統普丁的「強人政治」讚譽有加，但也明白，俄羅斯只是因為吃了歐洲的閉門羹，才退而求其次選擇中國。

在多極世界即將成形的當下，莫斯科與北京之間的協議已是一個無法忽視的事實。

> 「必須借中國之風，揚俄羅斯之帆。」
> ──普丁

第三部　主要的十個地緣政治議題

焦點

對於中國人來說，符拉迪沃斯托克（Vladivostok）該稱作海參崴，這座俄羅斯的遠東城市，在隸屬中國時有此舊稱。根據中國歷史學家，中國人從12世紀的金朝便在這片土地上活動，直至1860年中國在第二次鴉片戰爭中戰敗後，簽訂了「不平等條約」為止。雖然中國旅客表明了某種懷舊之情，但北京的領導人從未質疑俄羅斯對該地的主權。

要點

憂慮中國「暗地滲透」西伯利亞和俄羅斯遠東地區的新聞，定期躍上俄羅斯媒體版面，有時透著一股種族歧視。例如，2010年《國際郵報》（Courrier international）曾引用俄羅斯記者在《私人通訊》（Tchastny Korrespondent）的一段話，她寫道：「我不希望我的女兒將來必須在他們（指中國人，郵報編者註）之間挑選未婚夫。我相信不到十年光景，他們便會在此創造出一個超先進文明，而我拒絕生活在這樣的土地上。」她還表示屆時將離開自己遠東地區的故鄉。

並肩齊行的兩個大國：中國與俄羅斯

俄中關係

運輸
- 鐵路

能源與貿易
- 含石油、天然氣資源的盆地
- （現存、建設中的）輸油管道
- 油輪
- ⑧ 出口總額（以數十億美元計算），從俄羅斯遠東地區出口到中國（主要是石油和天然氣）

人口
- 中國移民

地名：莫斯科、下諾夫哥羅德、凱薩琳堡、鄂木斯克、新西伯利亞、克拉斯諾亞爾斯克、伊爾庫次克、俄羅斯、俄羅斯遠東地區、烏蘭巴托、哈巴羅夫斯克、海參崴、哈爾濱、滿洲、瀋陽、北京、上海、中國、北太平洋、南太平洋

1000 公里

27 中亞腹地

1991 年以前，中國並未太關心西部地區的綿長邊境，至少跟強大鄰國蘇聯的關係緩和以來即是如此。然而，1991 年蘇聯解體後，中國發現自己不再僅有一個、而是好幾個不穩定的鄰國時，不得不學習跟他們共處：這些「斯坦」，包括哈薩克、吉爾吉斯、塔吉克，以及較遠的烏茲別克和土庫曼，這些都是脫離蘇聯獨立的共和國。

自 2000 年代初期起，中國在經濟起飛之際，便開始對內陸腹地的這些「斯坦」國家發展出一套策略。首先是基於安全的考量，因為在北京眼中，這些新成立的國家政局不穩，可能會對新疆維吾爾族自治區構成威脅。對中國來說，掌控新疆是至關重要的議題。透過1996 年成立的「上海五國」集團、2001 年改組為「上海合作組織」（上合組織），北京促成中亞地區國家在邊境安全上的合作。這是第一個由中國成立、也順理成章主導的國際組織，突顯中國在中亞逐漸攀升的勢力。

邊境安全的高峰會

上合組織是由中國與俄羅斯共同成立，這是後蘇聯時期煥然一新的合作模式，與中亞國家的共同目標是保障中國西部邊境的安全，並穩定這些遭到伊斯蘭恐怖主義襲擊的國家——因為中亞接壤的阿富

汗，曾一度被塔利班控制而激化武裝行動。雖然上合組織跟北約的性質不同，但有實質的軍事合作，包括共同演習、反恐部隊的培訓以及協調。

自成立以來，上合組織不斷擴大，而搖身成為真正的區域安全高峰會，同時接納印度和巴基斯坦這一對死敵，甚至連伊朗也以觀察員身份參加。

成果立即見效，到 1990 年代末，中亞國家不再庇護新疆（或東突厥斯坦）的維吾爾族民族主義者、或不曾參與伊斯蘭主義運動的百姓。

維吾爾族民族主義者過去曾以文化的親緣性為由，逐漸在中亞各國首都定居，因為彼此共屬突厥語族的文化圈。如今他們不得不離開，否則將面臨被逮捕或遭嚴密監控的風險。

中國的另一戰略是面向經濟，特別是與中亞國家在能源產業上日益密切的往來，例如擁有豐富石油和天然氣資源的哈薩克，除此之外也大力推動工業投資和全方位的商貿活動。習近平提出的「一帶一路」計畫對此戰略來說是如虎添翼。上合組織的成員國成為這項地緣政治計畫中的關鍵，旨在發展從中國開向歐、非洲的強大交通建設。

西進的高速鐵路

只需乘坐前往中國西部的高鐵，或駕駛在穿越新疆沙漠、直達中亞邊界的嶄新高速公路，即看得出中國為推動這一戰略而投入的龐大資源。隨著中國的影響力逐步滲透中亞國家政府、政治和經濟菁英階層，這些國家也受惠於中國的慷慨解囊。但是這些國家內部的人民看法大不同，他們擔心淪為附庸國。2016 年，哈薩克政府提議允許外國公司──即中國企業，長期租賃農業用地，這一提議激起了強烈反彈。

「中國企業在哈薩克能蓬勃發展，全靠中國國家開發銀行和中國進出口銀行的慷慨借貸」，2018 年初的一份研究指出。[29] 只不過，這些貸款必須用來採購中國產品及僱用中國勞工，阿斯塔納（Astana，哈薩克首都）希望推動中小企業發展以融入新絲綢之路計畫，卻遇到重重阻礙。

這種明顯的失衡成為中國戰略的弱點，縱然如此，中亞國家還是極渴望在一帶一路上分得一杯羹。

> **35 億美元──是 2016 年中國與五個中亞國家的貿易總額。**

焦點

霍爾果斯（Khorgos）是哈薩克一座迅速發展的嶄新城市；而在對面、邊界另一頭的中國境內，則是它同名的孿生城市——霍爾果斯。2017年，約有五萬個貨櫃經由火車穿過此地，繼續漫長的歐洲之旅。巨型起重機整天忙碌著，將貨櫃從一列火車移至另一列，因為中方和前蘇聯地區的車軌間距不同。這是新絲綢之路的其中一面。

要點

中國面臨的一大挑戰是能源供應，而中亞地區不乏資源。過去十年的一個重要計畫是由中國資助建設的油氣管道網絡，這些管道連接了哈薩克和土庫曼的石油和天然氣田，延伸數百公里，穿越整個地區，輸送至中國新疆。保障管線網絡的安全，是北京憂心議題之一。

蘇聯解體之後的中國與其新邊境環境：將歷史意外轉化為機遇

北冰洋 / 俄羅斯 / 北太平洋 / 哈薩克 / 烏茲別克 / 伊朗 / 吉爾吉斯 / 塔吉克 / 蒙古 / 阿富汗 / 巴基斯坦 / 中國 / 印度 / 南太平洋 / 印度洋 / 印度洋

1 000 公里

上海合作組織成員國
觀察員國

28 中國與歐洲的關係為何？

經過十多年談判，2000年，中國與美國達成了協議，讓中國加入世界貿易組織，北京以為步上了康莊大道。然而，代表歐盟及其龐大歐洲市場的貿易專員帕斯卡爾·拉米（Pascal Lamy），致電祝賀中國談判代表，並告訴他們還需要完成與歐洲的具體談判。那一天，中國才意識到歐洲是個集體，而在此之前，北京更經常跟德國、法國、英國和義大利等主要大國一對一地打交道。中國駐歐盟代表處的成立可追溯至1988年，但隔年發生的天安門鎮壓使這些外交關係陷入停擺。

從那以後，中國一直在懷疑歐盟是否存在，是否該跟「布魯塞爾」或成員國進行交涉，又或者歐盟會不會解體──就像英國脫歐後，一度引發眾人如此猜測。歐洲的種種矛盾和舉棋不定，讓中國難以制定相關的策略來因應。

武器禁運問題

自1989年天安門事件後，歐盟對中國實施了武器禁運，這一問題加深中國的疑慮。2000年代初，北京成功說服它在歐洲的主要合作夥伴法國跟德國：天安門的陰影已經過去，應該解除這項禁運。時任法國總統的賈克·席哈克（Jacques Chirac）和德國總理格哈德·施羅德（Gerhard Schröder）皆表贊同。

然而，他們從未獲得28個會員國一致同意，1989年的決定需要全體成員國的共識才能撤銷。尤其是那些不出口武器而無利可圖的國家，認為中國的人權狀況並無好轉。此外，美國也施加了壓力，對

歐洲盟友可能向中國這個潛在競爭強權出售軍備而表示不滿。以色列同樣不得不放棄向北京出售電子零件。法德兩國理論上處於領導地位，但仍無法推動這一決策通過的局面，對中國如此集權的國家來說，實在匪夷所思。15 年過去，禁運令在今日仍具效力。

隨著中國經濟和政治實力增強，中國一改先前保留態度，在歐洲大舉投資。特別是在 2007 至 2008 年金融危機重創歐洲的背景下，中國企業開始收購歐洲的股票。最引人注目的，莫過於中國遠洋運輸公司於 2016 年收購地中海最大港口──希臘的比雷埃夫斯港（Port of Piraeus）的大部分股權，自那時起中國大力發展當地經濟。希臘不僅成為了中國投資的主要目標之一，政治也連帶受影響。2017 年，希臘首次否決了歐盟在聯合國人權理事會上每年針對中國的報告聲明。

中國的影響力

法國總統馬克宏在 2017 年當選後，首次參加歐洲理事會時感到驚訝，葡萄牙竟然拚命阻止歐洲強化對中國的貿易保護措施。葡萄牙總理解釋說，在債務危機期間，葡萄牙被迫私有化國有企業，而中國是唯一願意收購的投資者。

2011 年，北京成立了一個名為「16 加 1」的合作機制：這裡的「1」當然是中國，而「16」則是中東歐和巴爾幹地區的國家，包括 11 個歐盟成員國（保加利亞、克羅埃西亞、愛沙尼亞、匈牙利、拉脫維亞、立陶宛、波蘭、捷克、羅馬尼亞、斯洛伐克、斯洛維尼亞）和五個歐盟候選國家（阿爾巴尼亞、波士尼亞與赫塞哥維納、北馬其頓、蒙特內哥羅和塞爾維亞）。這些國家被納入了一帶一路的框架，受惠於中國對基礎建設的資金，以及可以自由進入歐洲市場的投資。這個合作機制誕生於布達佩斯，並在 2017 年於此地舉行峰會。

在 2018 年 1 月訪問北京時，法國總統宣布「歐洲強勢回歸」，以此向中國領導人表明，歐盟並沒有如中國預期的那樣解體。然而，馬克宏也認為，也許歐洲早已錯失良機，無法團結一致跟中國對話，因為中國已經成功在這個全球最大市場中建立了「盟友」網絡。

> 「當歐洲人像中世紀的討債者那樣對待希臘時，中國人帶來了資金。」
> ──希臘國會議員科斯塔斯・杜茲納（Costas Douzinas）

焦點

庫卡（Kuka），這家德國工業機器人製造商，是德國工業中的璀璨明珠，而且是全球業界內的佼佼者。因此，2016年5月，當中國家電巨頭美的集團發起收購，並以每股高出當時股票30歐元的價格成功收購庫卡時（每股115歐元），這一消息震驚四座。自此，德國政府制定了法律來保護其敏感技術，並於2018年初阻止了一家中國企業收購德國航空業公司。

要點

2016年12月，距中國加入世界貿易組織（WTO）已滿15年，中國原應獲得歐盟承認它的市場經濟地位，以利產品出口至歐洲龐大內部市場。不過，中國離全面開放的市場經濟仍有長路要走。歐盟雖然在世界貿易組織面臨被中國起訴的風險，但決定拒絕賦予中國所期待的地位，令中國抗議稱之為「歧視」。中國跟這些歐盟夥伴有著龐大的貿易順差，這場較量象徵著兩方之間的濃濃火藥味。

德國，歐洲對中國的第一大供應國

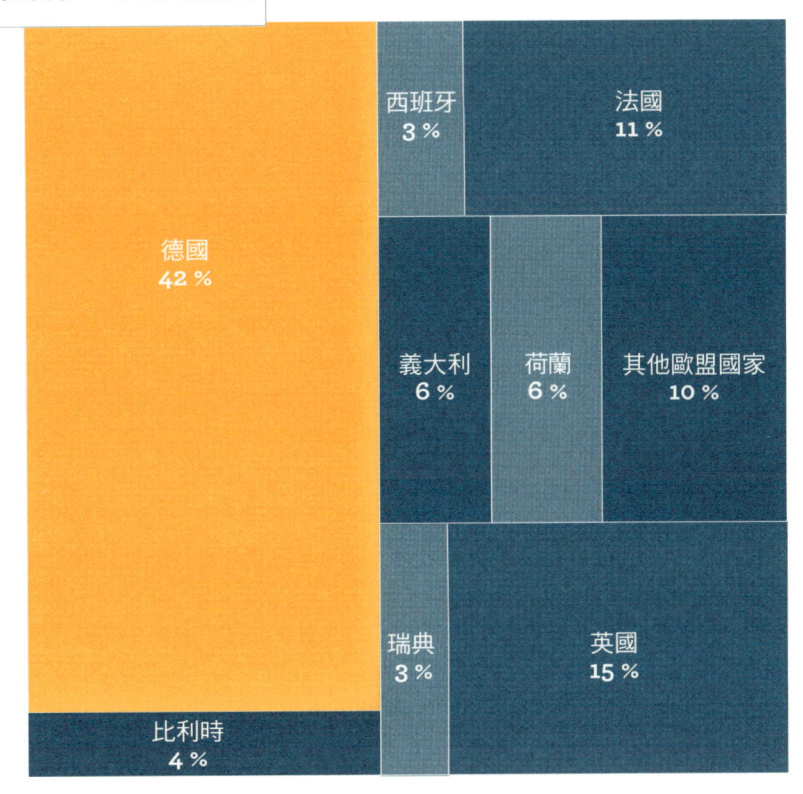

國家	比例
德國	42 %
西班牙	3 %
法國	11 %
義大利	6 %
荷蘭	6 %
其他歐盟國家	10 %
比利時	4 %
瑞典	3 %
英國	15 %

29
對原物料的狂熱

　　全球原物料市場在 20 世紀初期發生劇變：中國在這一時期轉變為石油的淨進口國，並在 2013 年成為全球最大的石油進口國。幾乎所有原物料市場上都出現了類似的現象，從大豆到鐵礦或銅礦：中國開始讓全球市場陷入恐慌。

　　2000 年代初期，隨著經濟成長率的提高，掀起了中國對能源供應的狂熱。只需觀察中國領導人海外出訪的行程，便能發現途經的地方絕大部分是產油或礦產國家。

　　中國雖然擁有廣袤的國土，自然資源卻匱乏，除了豐富煤炭（由於它對環境的負面影響而讓人避之唯恐不及）和奠定未來發展的貴金屬之外。這番情況在 1990 年代前還勉強自給自足，但隨著中國成為了「世界工廠」，這些資源已供不應求。

征服全球

　　很快地，中國政府便派出自己的大型石油和礦業公司進軍全球。以前只專注國內市場的中國石油化工（Sinopec）、中國石油天然氣集團（CNPC）和中國海洋石油集團（CNOOC）等國有石油公司，開始向外拓展。有點類似法國總統戴高樂在 1960 年代，曾經請「國家冠軍企業」如埃爾夫石油公司（Elf）與道達爾石油公司（Total）（現已合併）肩負起挽救國內石油產業落後的責任。這也是為什麼，北京最初必須接受一些高風險的合約，例如在蘇丹，中國石油公司接下了一片由於戰爭而遭法國棄守的區域。

　　短短幾年內，中國企業已經

在「全球石油巨頭」之中站穩腳跟。到 2017 年，有兩家中國企業躋身全球石油公司營收排名前三：中國石油化工居冠、中國石油天然氣搶下第三。另一間默默無名、與中國軍方有聯繫的私人企業華信能源（CEFC），收購了部分俄羅斯的石油股票，當時俄國石油產業正因受到西方的金融制裁而陷入低迷。

這些能源需求大幅提升了中國在世界各地的外交影響力，特別是那些中國未曾涉足或保持低調的地區。例如在中東，中國企業贏得了伊拉克的招標，重啟薩達姆・海珊（Saddam Hussein）垮台後的石油生產。更出人意料的是，中國跟保守的君主國家沙烏地阿拉伯開始密切來往，甚至意圖買下沙烏地阿拉伯國家石油公司（Aramco）的股份，這間公司在過去由美國獨佔。但跟沙國拉攏關係的同時，中國仍未放棄跟沙國的仇敵──伊朗保持密切，因為後者是中國重要的石油供應國。

來自中國的需求對許多原物料生產國影響甚鉅：包含巴西的黃豆、澳洲的多種礦產、尚比亞的銅，以及俄羅斯和中亞地區的石油和天然氣等等。

稀土壟斷

不過有一個產業幾乎由中國壟斷：即稀土。稀土是一種珍貴金屬，尚無替代物，對今後的數位化世界至關重要。在 2018 年初，記者紀堯姆・皮特隆（Guillaume Pitron）發表了一篇內容詳盡的文章，肯定道：「在 21 世紀，有個國家正鞏固自己在稀有金屬出口和消費上的主導地位，即是中國。」[30]

因為稀土開採會造成嚴重污染，就在已開發國家紛紛放棄之際，中國趁機成為這個前景市場的佼佼者。根據作者，「稀土具有驚人的電磁、光學、催化和化學性質，其性能和知名度遠超過其他原物料。」書的前言中，于貝爾・凡德林（Hubert Védrine）指出，中國「理所當然想濫用」近乎壟斷的地位，而這件事應當促使世界其他國家重啟稀土開採。

在 20 世紀，石油是許多衝突的焦點；在 21 世紀，其他自然資源同樣受人垂涎，也同樣危險。

> 「中國是原物料市場的關鍵。」──菲利普・查爾曼（Philippe Chalmin），法國智庫 Cyclope（被譽為原物料市場「聖經」）負責人

第三部　主要的十個地緣政治議題

焦點

在 2000 年代，中國從世界各地進口的鐵礦數量從 1 億 1 千 1 百萬噸增至 6 億 2 千 8 百萬噸，不僅導致價格飆升，還把全球航運、港口和中國的鐵路運輸擠得水泄不通。這一攀升的進口量，主要源自中國鋼鐵爆炸性的成長，以至北京禁止新建煉鋼廠，以「避免產業結構失衡」，恢復市場的穩定。

要點

2014 年，中國國有企業五礦集團耗資 58 億 5 千萬美元，收購了位於秘魯的拉斯邦巴斯銅礦（Las Bambas coppermine），這原屬嘉能可礦業集團（Glencore-Xstrata）。中國企業早已握有另個重要的生產國——尚比亞的銅礦，由於銅礦是汽車工業不可或缺的資源，這成為了北京的優先發展計畫之一。在 2010 年代，中國消耗了全球 40% 的銅，跟前十年的 20% 相比翻了一倍。

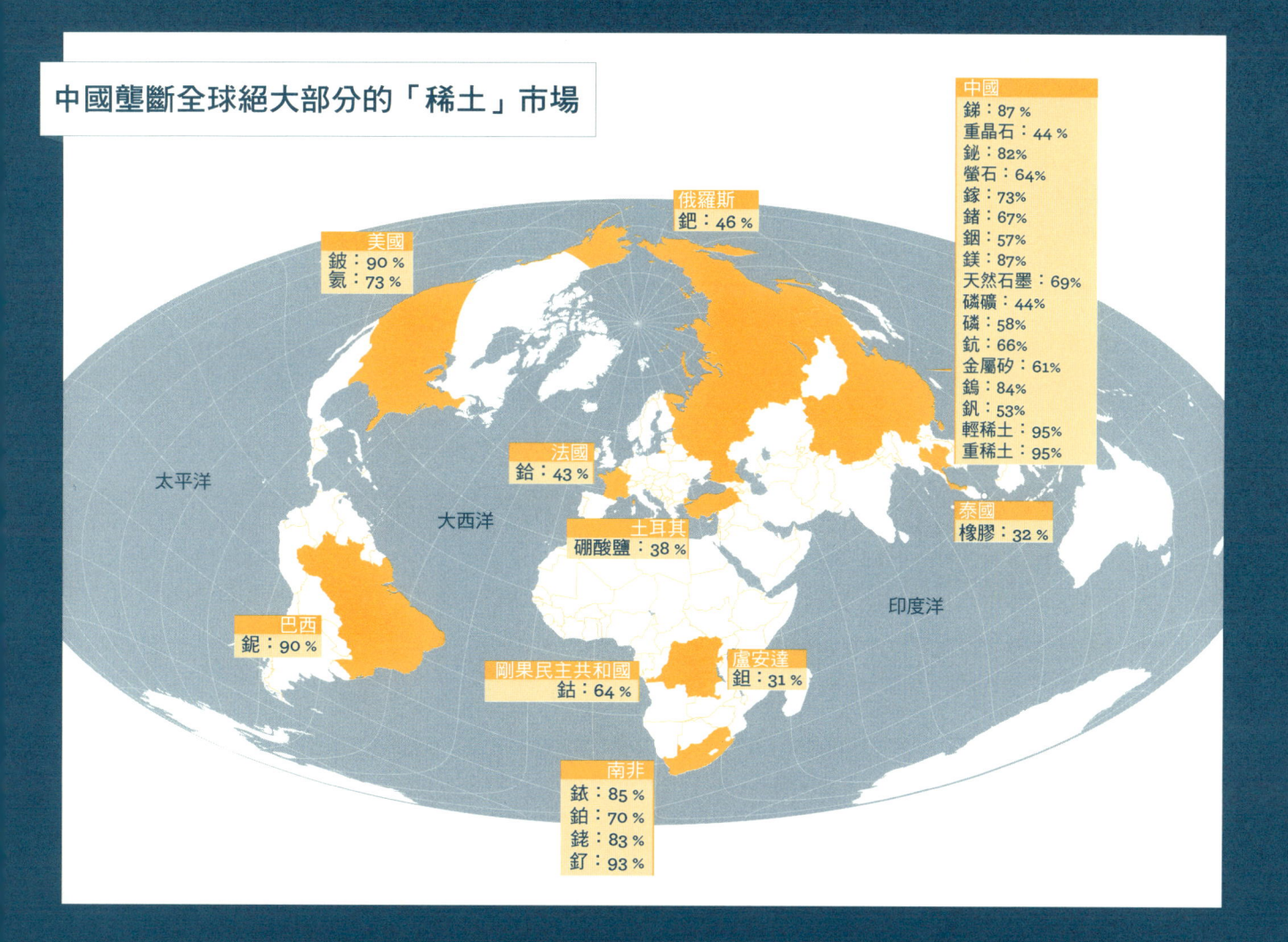

中國壟斷全球絕大部分的「稀土」市場

中國
- 銻：87%
- 重晶石：44%
- 鉍：82%
- 螢石：64%
- 鎵：73%
- 鍺：67%
- 銦：57%
- 鎂：87%
- 天然石墨：69%
- 磷礦：44%
- 磷：58%
- 鈧：66%
- 金屬矽：61%
- 鎢：84%
- 釩：53%
- 輕稀土：95%
- 重稀土：95%

俄羅斯
- 鈀：46%

美國
- 鈹：90%
- 氦：73%

法國
- 鉿：43%

土耳其
- 硼酸鹽：38%

泰國
- 橡膠：32%

巴西
- 鈮：90%

剛果民主共和國
- 鈷：64%

盧安達
- 鉭：31%

南非
- 銥：85%
- 鉑：70%
- 銠：83%
- 釕：93%

30 征服極地的目標

這無疑是最鮮為人知的中國地緣政治議題之一：中國自稱「極地大國」，並在21世紀初加入了一個由少數國家組成的團體——他們擁有針對這些全球戰略區域的政策，並且具備實施這些政策的能力，在在顯示中國對極地的野心。

紐西蘭坎特伯雷大學國際關係教授安妮瑪麗·布雷迪（Anne-Marie Brady），曾撰寫市面上唯一一本深入研究「中國作為極地大國」的著作，她在書封上放了一張中國地圖，這是從南極洲天空看到的世界地圖。這張變形地圖突顯了中國的位置，而美洲和歐洲則被邊緣化……[31]

「中國如今已掌控了北極，」極地世界專家、歐盟委員會顧問米卡·梅雷德（Mikaa Mered）表示。[32]

氣候變遷

這涉及什麼樣的議題？氣候變遷對我們地球的兩個冰冷極地造成莫大影響：開啟新的海上航道；讓人得以開發過往無法開採的礦產、石油和天然氣資源。根據美國政府，光北極地區便擁有全球13％尚未發現的石油儲量，及30％尚未開採的天然氣。就連數位技術的發展，也驅使人們將觸角延伸至極區，因為在這些地方可以設置數據中心，以低溫冷卻機台，達到節能之效。基於以上原因，北極地區有了嶄新的戰略價值，成為關注焦點——首先便是中國，在20世紀初，它還只是個次要角色。

2015年，中國將極地區域、海床和太空定義為「新邊界」戰略區域，一片對所有人開放，且亟待開發利用，充滿機遇的區域。與此同時，中國將北極納入「一帶一路」框架，再度顯示出新絲路的概念已徹底跟歷史背景脫節，而完全融入中國當代的戰略視野中。

中國不惜斥資在這片仍富有挑戰的區域。2017年11月，出乎眾人意料，川普政府批准了中國對阿拉斯加液化天然氣（Alaska LNG）計畫提供430億美元的鉅額資金，該計畫由美國埃克森美孚公司（Exxon Mobil）主導，涉及天然氣的開採、液化和運輸，這是北極地區有史以來最大的計畫。

與此同時，在距莫斯科四千公里的亞馬爾半島（Yamal Peninsula），2017年12月，普丁為由法國道達爾公司建設和運營的天然氣開採基地舉行了開幕儀式。約六萬名工人在極端氣候條件下參與場址建設，不僅是一項壯舉、投資額亦高達270億美元。

但當計畫準備啟動時，俄羅斯因其吞併克里米亞而受到西方的金融制裁。因此，資金來源變成了中國，它透過「絲路基金」購得該計畫20％的股份。「西方國家試圖制裁俄羅斯，卻投入了中國的懷抱，」一位專家對《世界報》分析道。[33]

2017年12月，第一艘裝滿液化天然氣的破冰船離開亞馬爾，載去給中國客戶。第二個基地預計將在附近建設，專家們預期中國的參與將更活躍。

不信任感與日俱增

中國在該區域的積極活動有時會引起不信任感。一位中國億萬富豪黃怒波曾在2012年試圖購買冰島的大面積土地，但遭到當局拒絕。隨後他在2014年把目標鎖定在挪威最北端的地區，金額為400萬美元，這筆小額投資可能只是開端。挪威展開了一場激辯，一方認為這是正常的商業投資，另一方則認為中國「想在北極佔有一席之地」，並且黃先生只是中國政府的代理人。

隨著氣候變遷和北極新貿易航道的開通，故事還長得很，這不過是開端罷了。不過中國早已認真部署，要搶下這個21世紀重要勢力範圍的主導權。

> 「誰掌控了北冰洋，誰就掌控了新的全球經濟航道。」
> ——李振福，中國海洋議題專家

焦點

2015年9月2日，中國首次在北極地區進行軍事行動，派遣五艘軍艦到阿拉斯加附近海域。這艘軍艦從基地出發，航行了數千公里，目的是向全世界——尤其美國，展示中國海軍的茁壯發展，以及中國已經成為一個極地強國。幾週後，其他中國船隻也「友好訪問」了丹麥、芬蘭和瑞典。

要點

中國在南極地區同樣動作頻頻，於2018年展開第五座考察站的建設，官方宣稱其目的是研究羅斯海（Ross Sea）的氣候條件。該基地夏季可容納80人，冬季50人。南極地區禁止軍事活動，也禁止開採礦產資源，除非是出於科學目的。過去50年中，約有20個國家建造了50個科學考察站。

氣候暖化而促成的北極航道

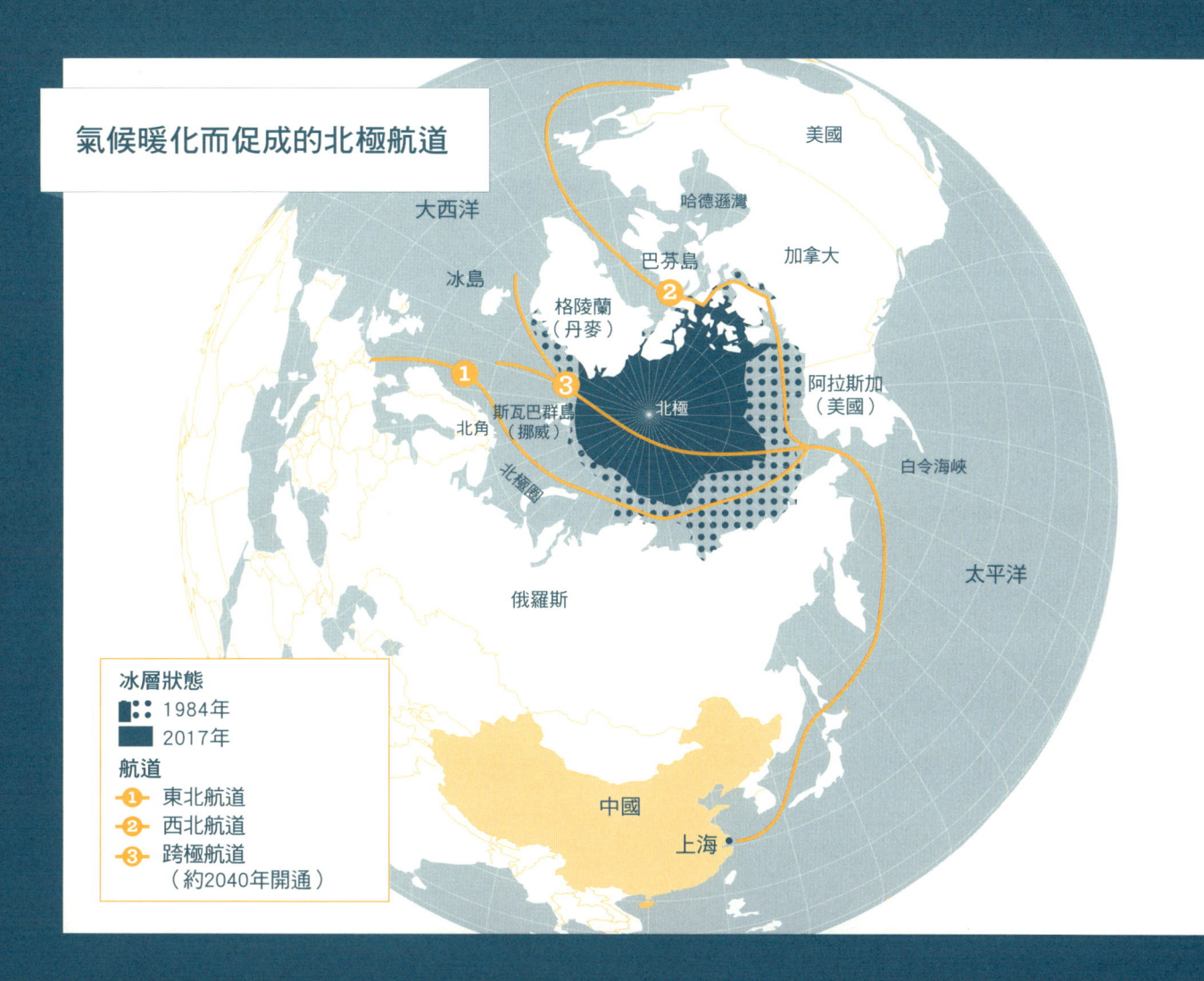

冰層狀態
- 1984年
- 2017年

航道
- ① 東北航道
- ② 西北航道
- ③ 跨極航道（約2040年開通）

第四部

主要的十個行動槓桿

31
北京共識

2004年，美國研究學者約書亞‧庫柏‧拉默（Joshua Cooper Ramo，現為前美國國務卿季辛吉創辦的顧問公司季辛吉事務所〔Kissinger Associates〕董事）提出了「北京共識」這一論點。這個概念與「華盛頓共識」相對，後者指的是美國及位於華盛頓的國際機構，如國際貨幣基金組織和世界銀行集團（WBG），所推廣的自由經濟模式。

當時，「華盛頓共識」代表著一種經濟和金融的正統理論，任何情況之下都無可取代。在「北京共識」理論中，拉默認為世界上可能有其他的發展模式，而當時正崛起、但尚未成為（現在已是）第二大世界經濟體的中國，或許是替代模式之一。

不過，關於「北京共識」的具體內涵，卻莫衷一是。拉默認為這是一種融合務實性、大膽實驗和創新精神的模式；願意接納不同的發展指標，而不僅以國內生產毛額做為唯一標準；同時注重保護自身利益和金融主權。其他學者則更多側重在國家資本主義，以及結合威權和菁英制度的政治體制層面，來補足這個概念。

2011年，當中國已經成為世界第二大經濟體時，《紐約時報》（New York Times）報導了世界經濟論壇的與會者們仍在琢磨該如何理解「北京共識」的內涵。[34]

中國模式

無論如何，這個術語引起眾人對中國發展模式的關注，即中國不必依循「華盛頓共識」的「獨門秘方」進行現代化轉型。當時主流觀點認為，中國式的「資本主義」發展必然會走向民主化，跟西方的自由主義模式靠攏。

至於中國領導人，他們長久以來小心翼翼，不以模範自居，這跟毛澤東時期截然不同──當時的共產黨自認更純粹、更大破大立，是蘇聯的正面教材。不過這般謹慎自持已不復見：在 2017 年 10 月的中共第 19 次全國代表大會上，中國國家主席習近平在漫長致詞中，明確將中國定位為一種替代模式。他表示：「中國特色社會主義偉大旗幟在世界上高高飛揚，意味著中國特色社會主義道路、理論、制度、文化不斷發展，拓展了發展中國家走向現代化的途徑，給世界上那些既希望加快發展又希望維持自身獨立性的國家和民族提供了全新選擇，為解決人類問題貢獻了中國智慧和中國方案。」

自毛澤東以來，沒有任何中國領導人直言不諱地建議世界其他國家效仿中國的「模式」，這在過去只被當作是一種因應中國特殊國情而臨時創造的結構。而習近平選擇在中國經濟表現亮眼時，提出這項主張，增加了可信度；同一時間，由於歐洲持續的經濟低迷、川普當選美國總統，西方陣營正在走下坡，讓這一番替代方案的論述更具說服力。

> 「中國發現了自己的經濟共識。」
> ──約書亞·庫柏·拉默於 2004 年 5 月 8 日《金融時報》專欄文章標題

樂於接受的支持者

無法否認的是，這一論述在公共和私人投資的推波助瀾下，受到了世界某些地區的關注和愛戴支持，尤其是在中國影響力最大的非洲地區，以及歐洲部分地區（如巴爾幹半島、中歐和東歐）。中國的這種威權現代化模式，在沒有出現重大政治風險、也不用看國際機構臉色行事的情況之下，居然成功讓數億人脫貧，這對某些國家來說極其誘人。西方自由民主國家因受內部輿論撻伐、衰弱不堪而吸引力下滑，國際治理體系也失靈，這些情況皆跟中國模式形成了對比。

中國模式的崛起不是可以盲目複製的「現成架構」，而是一套原則和理念清單，任何國家都可以根據自身情況靈活應用。這或許將成為中國在全球擴展影響力過程中的一個戰略優勢。

在「兄弟黨」（意識形態或政治立場上關係密切、共享相同理念並相互支持的政黨）及需要嚴格遵循教條的時代之後，中國現在利用經濟模式的成功來啟發他國，而非強行指導，同時吸引合作國的菁英階層，讓他們疏遠無法像中國快速伸出援手、助他們步上現代化的西方國家。這無疑是嶄新世紀的一項挑戰。

焦點

儘管中國已不再將毛主義作為一種意識形態輸出，但在中國以外的地方仍存在毛主義者，特別是在尼泊爾和印度這兩個亞洲國家。在尼泊爾，信奉毛主義的共產黨參與了政治活動，甚至上台執政；而在印度，納薩爾毛派（Naxalite Maoïste）對印度政府掀起武裝叛亂，雖然他們擁有一定的影響力，但並不足以對政府的統治造成實質的威脅。中國現今不再採取這類行動來拓展它的影響力。

要點

2016 年在非洲 36 個國家進行的一項研究顯示，中國在理想國家的發展模式選擇中名列第二，僅次於美國（當時是歐巴馬總統任期）。曾經的殖民強國被這兩者遠遠甩在後頭。這項由 Afrobarometer（非洲國家的民意調查研究機構）進行的研究顯示了不同地區的差異：在非洲南部，中國與美國並駕齊驅；在中非地區，中國則搶下第一。根據此研究，辛巴威被認為是最受中國影響的國家。

主導的經濟強國：過去、現在與未來

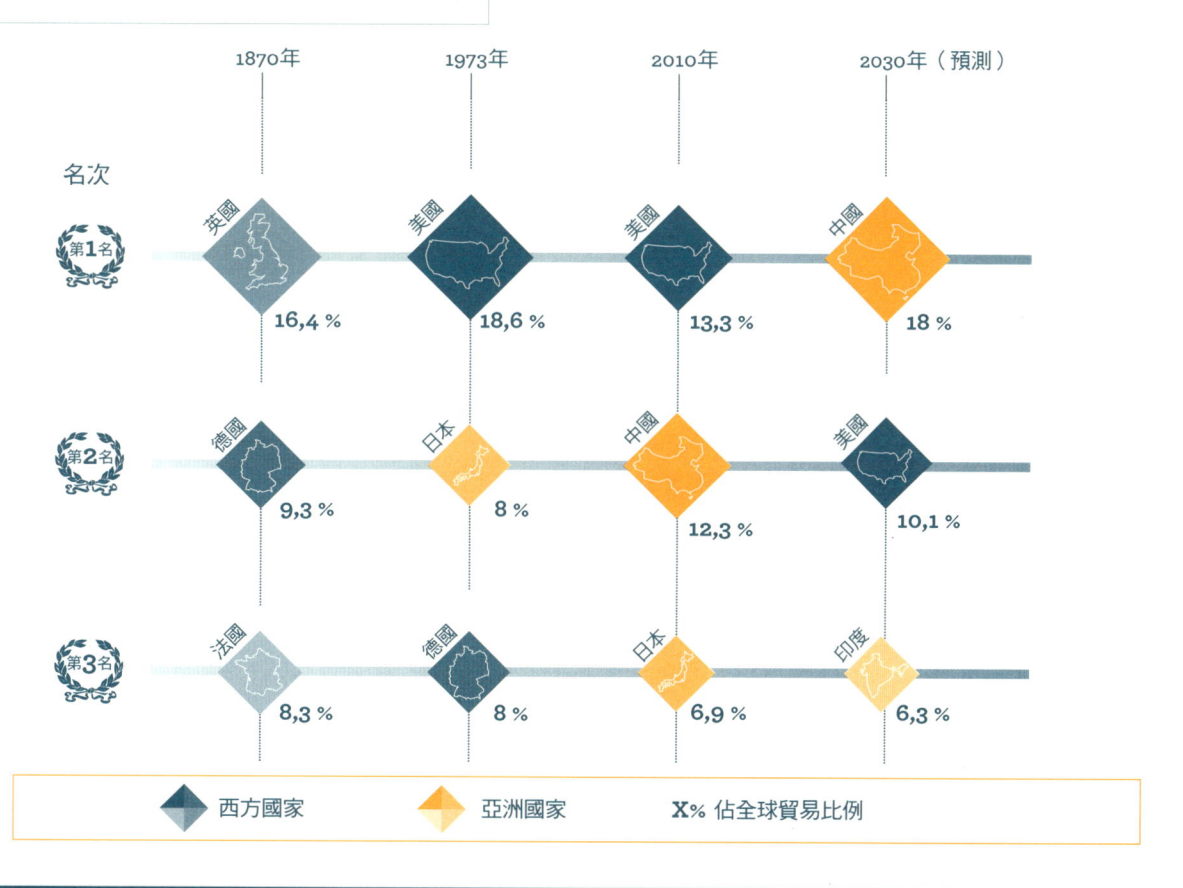

名次　　　　　　　1870年　　　　1973年　　　　2010年　　　　2030年（預測）

第1名　　英國 16,4 %　　美國 18,6 %　　美國 13,3 %　　中國 18 %

第2名　　德國 9,3 %　　日本 8 %　　中國 12,3 %　　美國 10,1 %

第3名　　法國 8,3 %　　德國 8 %　　日本 6,9 %　　印度 6,3 %

◆ 西方國家　　◆ 亞洲國家　　X% 佔全球貿易比例

32 一帶一路

2013 年，習近平主席提出了新「絲綢之路經濟帶」倡議，當時西方國家不太當一回事，只看成是一種新的政治宣傳策略。直到兩年後，當中國盛大成立了亞洲基礎設施投資銀行（Asian Infrastructure Investment Bank，英文縮寫為 AIIB），西方才有所警覺。這個潛在的競爭對手，將挑戰「布雷頓森林」（Bretton Woods System）體系下的世界銀行和國際貨幣基金組織，後兩者一直以來皆由西方主導。美國選擇抵制銀行的成立，但歐洲國家則抱著觀望心態，決定成為創始成員。他們確實見到了成果，因為在 2017 年 5 月，中國的提案更名為「一帶一路」（One Belt, One Road，英文縮寫為 OBOR），並在北京舉行了一次峰會論壇，共有 65 個國家參與。這不再是單純的宣傳手段，而是習近平時代的核心戰略，這可能改變經濟全球化的規則，帶來以中國為中心的全球大洗牌。

鉅額資金支持

「一帶一路」講述兩條貿易路線：一條為海上之路，另一條為陸上，這條路線從中國出發，連結歐洲和非洲，橫跨數千公里。中國大手筆投入資金，用來打造這兩條「21 世紀絲綢之路」上的基礎設施：包含鐵路、公路、橋樑、港口和數位等。這些借出的款項表面上無附帶任何政治條件，實則須發包給過去 20 年來崛起的中國建築、鐵路和海運巨頭公司，承擔這些龐

大的工程項目。

希望獲得中國「資助」的國家如雨後春筍冒出，但這計畫並不是一帆風順。在2017年5月北京高峰論壇上，歐洲代表團拒絕簽署最終的文件，認為此計畫在互惠性、透明度及經濟可行性皆不足。法總統馬克宏在2018年1月的首次訪中期間，也強調法國支持一帶一路計畫，但他呼籲這條路線應該是「雙向的」，而不是「單行道」。法國外交部長尚伊夫・勒德里安（Jean Yves Le Drian）更直言不諱地說：「不該讓『雙贏』變成是同一方獲勝兩次的局面！」

推動計畫的過程中還出現了其他問題：尤以與印度的衝突為最。作為另一個亞洲大國，印度無法接受「一帶一路」的指標計畫——中國斥資數百億美元的「中巴經濟走廊」（CPEC）戰略計畫——因為此經濟路線穿越了受爭議的喀什米爾地區。

儘管這些反對聲浪，「一帶一路」倡議仍然迅速啟動，並已經與中國的外交政策緊密結合。如今，任何政策都可能被貼上「絲綢之路」的標籤，包括中國在北極地區的政策，即便這跟在千年前連接中國的商貿路線已毫無關聯。

一種影響力作戰

中國撒錢在此戰略計畫上，是為了追求兩大目標：一方面，讓中國大型企業在國內經濟增長放緩的情況下能在國外拓展；另一方面，贏得各個大洲（特別是歐洲）眾多國家之間的政治和外交影響力，確保能打入商貿市場。

這種由中國主導的另一種全球化讓西方感到不安，他們既擔心中國過度擴張的基礎設施計畫恐無法兌現而「泡沫化」，也擔憂中國藉由撒下數十億美元或人民幣締結的「友誼」所引發的政治後效。縱然如此，西方國家卻難以反對，畢竟連歐盟內的許多國家也爭先恐後地參與中國的一帶一路「提款」計畫。

這無疑讓中國更快速鞏固在國際舞台上的領導地位，並促進其經濟模式的轉型——從「世界工廠」變為新全球化的總部，從代工之王轉為創新和設計中心。在川普重塑美國的全球角色之際，中國向世界的一部分國家展現了仍然模糊的大國領導地位：以「支票」和大量基礎建設推動的外交手段，令很多國家難以抗拒。

> 1,250億美元，這是習近平於2017年5月在北京舉行的第一屆「一帶一路」高峰論壇上宣布的投資金額。

焦點

「絲綢之路」一詞出現於19世紀，由一位德國地理學者費迪南‧馮‧李希霍芬男爵（Ferdinand von Richthofen）提出。而真正的「絲路」已有超過兩千年的歷史，源於西元前二世紀。這不是單一路線，而是多條路線的總稱，商人、先知及戰士們在此道上雙向往返。直到歐洲人掌控了海洋，才終結這些漫長的陸上旅行，直到21世紀中國再度喚醒這些古老要道。

要點

2017年11月21日，一列法國迪卡儂公司（Decathlon）租用的火車，承載超過60萬件中國製造的體育用品，抵達位於法國里爾（Lille）附近的企業物流中心。這是迪卡儂頭一次動用整列火車載貨，它從中國中部的武漢出發，行經七個國家和兩大洲，路程長達10800公里，相較於海運省下一半時間。這種連結中國與歐洲之間的鐵路路線正日益增加。

新的陸上和海上絲路

新絲路
- 陸路
- 海路
- 重慶至杜伊斯堡鐵路

1 000 公里

33 中國軍事實力為何？

幾十年來，中國一直認為它的軍事力量取決人數優勢，就像在韓戰（1950年至1953年）期間派遣大批部隊壓倒美軍防線一樣。這一切在2000年代發生了變化，尤其當美國入侵伊拉克時，美軍展示了新一代的電子作戰武器和數位化的部隊，讓中國意識到必須改造自己的軍隊。

自此，中國致力於軍隊的現代化，直到習近平主席在2017年1月3日的盛大閱兵典禮上宣布，中國軍隊已經完成改革。

同日，媒體透露中國已開始建造第三艘航空母艦，而許多年前，中國還只能從烏克蘭購買「二手」航母。

自2000年代以來，中國在國防發展上所投入的心血，簡直筆墨難以形容。這可以從連續多年倍增的軍事支出中看得出來：2016年中國官方國防預算達1,910億美元，雖仍遠低於美國的6,220億美元，但中國的國防預算已是俄羅斯或法國的四倍。

裁減軍隊員額

這樣撒錢的情況至少會持續至2020年，不過，單就這些數字仍說明不了中國在軍事上付出的努力。首先在人數上：解放軍的兵力從1980年代突破四百萬人的巔峰，減少至現今約兩百萬人，最近的一

次裁軍，是習近平於 2015 年所決定的。

中國也大量投資新型武器，包括製造戰鬥機，如殲-20 和殲-31 隱形戰機。軍艦建造也掀起天翻地覆的變化：這是自 15 世紀中國大航海家鄭和建造巨型船隻以來，最大規模的海軍建設。

中國同時大力發展自身的網路防禦能力，跟美國一樣，它仰賴強大工業和科學基礎推動這一新領域，並認為有朝一日能與美國平起平坐、甚至超越美國。在太空領域也是如此，它由國防部門管理，巧妙地結合了傳統的科學研究目的以及機密的軍事能力。

美國專家對中國在新一代飛彈整合人工智慧的進步感到擔憂，特別是被描述為「半自主」的遠程反艦飛彈，這相當於美國海軍在 2018 年剛引入的武器。《紐約時報》在 2017 年寫道：「全球科技實力的差距正產生變化。」文章中提到，隨著中國科技的躍進，美國專家擔憂自身國家的優勢地位將不保。35

> 「過去鋼少氣多，現在鋼多了，氣更多，骨頭要更硬。」
> ——習近平

國際化

中國軍隊亦開始國際化：派遣更多兵力加入聯合國維和部隊（在馬利、南黎巴嫩、海地），並在吉布地成立第一個海外軍事基地。據報導，中國正在巴基斯坦瓜達爾深水商港附近建造第二個基地。

中國還加強了部隊投送能力，這是所有全球軍事戰略的關鍵。中國從未參與非鄰近區的戰事（1950 年的韓戰、1979 年的越戰），但在利比亞的格達費政權垮台時，中國必須撤離數千名被困在當地的工人，以及關心如何保障在巴基斯坦和阿富汗等動盪地區的建設計畫和貿易據點的安全。

北京高調宣稱走和平發展的道路，但亞洲鄰國無一不擔憂。雖然中國軍隊尚未受到戰爭的檢驗，但它已經成為中國政權的一項重要工具。因為中國認為，沒有硬實力支撐，便無法發揮軟實力。

焦點

中國人民解放軍受中共中央軍事委員會直接指揮，由習近平親自擔任軍委主席。中國領導人習近平經常身穿軍裝，強調身為軍隊統帥的角色。自 2012 年上任以來，他藉由打貪運動整肅了軍隊，清洗許多高階將領，甚至包括總參謀部的成員。

要點

2015 年，一段在伊拉克拍攝的影片顯示，伊拉克軍隊的武器庫中出現了一架中國製造的無人機，這是第一次在戰場中亮相的中國武器種類，展現中國在軍火出口市場的活力。2015 年，中國逐漸攀升為全球第三大武器出口國，贏過第四名的法國，市場份額達到 5.9%。它的主要客戶包括巴基斯坦、孟加拉、緬甸和許多非洲國家。

中國國防預算變化趨勢

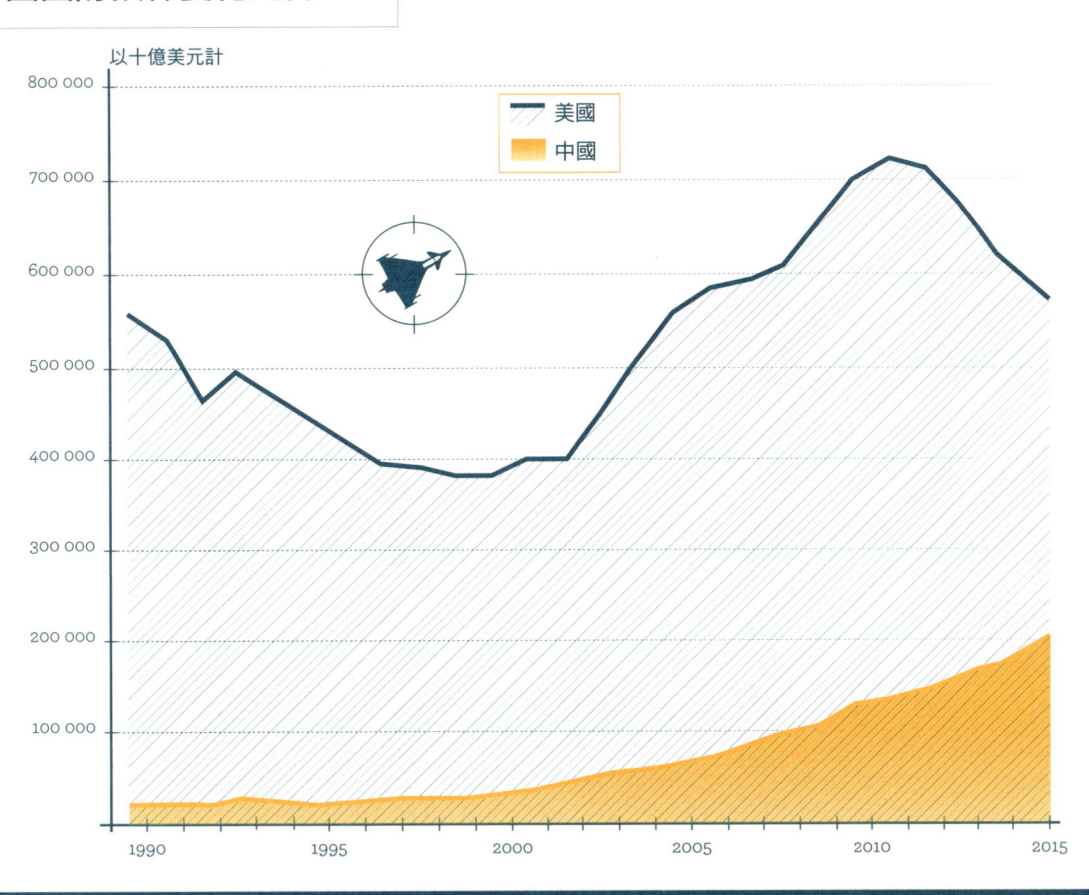

以十億美元計

美國
中國

34
中國蓄勢待發迎接網路攻防戰

　　無論是經濟上還是軍事上，中國在短短 20 內——正如中共外交部於 2017 年 3 月的文件中所稱——已經成為一個「網路強國」。

　　在經濟領域，BATX，即百度、阿里巴巴、騰訊、小米毫不遜於 GAFA——谷歌、蘋果、臉書和亞馬遜，這些科技巨頭在方方面面都坐擁雄厚資本、龐大數據以及強大的人工智慧研究部門。

　　這些中國巨頭一開始受益於「防火長城」的庇護，而在沒有美國人的競爭之下蓬勃發展，但現在它們在創新和功能上皆超越美國公司。中國是現今全球最多手機上網用戶數的國家。這一現象扭轉了中國社會，隨著電商的發展，比西方還快的支付系統快速普及，同時催生了進軍自動駕駛汽車等具風險產業的巨頭公司。

網路世界佼佼者

　　網路自 1990 年代末在中國興起以來，發展成為一個龐大的內部網路——即封閉網路，跟外界僅以易於過濾和監控的節點相連。中國 20 年來的數位科技政策，即是一面創新，一面控制和監視，而這出乎意料的成功。縱使審查無所不在，卻未阻礙創新，使中國成為全球數位產業不可忽視的強國之一。

這個高效且活力充沛的生態系統在戰略層面也具有重要意義。全球僅有少數國家擁有軍事介入網路空間的戰略和手段，而中國無疑是其中之一，甚至與美國和俄羅斯一樣名列前茅。

為了實現成為上述「網路強國」的目標，軍事領域扮演了關鍵的角色。中國很快理解到，它永遠無法在傳統軍事領域超趕美國，但得以在網路空間形成的新型對抗戰場上一較高下。

自 2010 年代初開始，中國駭客組織在美國的行動引起了輿論，他們被指控竊取產業資訊、從事間諜活動，甚至更具攻擊性的行為。

2014 年，美國司法部指控並在缺席審判中起訴了五名中國駭客，指控他們跟中國政府及軍隊勾結，隸屬於總部位於上海的解放軍 61398 部隊，專門從事網路間諜活動。[36] 不久後的一份報告更指出，至少有 20 個類似的單位活躍於美國及全球各個地區的產業間諜活動中，包括法國。

中國當局顯然善用良機，藉由前美國國家安全局（NSA）技術員愛德華・史諾登（Edward Snowden）揭露美國在全球進行的大規模網絡監控一事，反將美國一軍。

大規模駭客攻擊

這些大規模駭客攻擊促使中美兩國低調地進行了談判。雙方訂立了一份「行為準則」協議，雖然具體內容不詳，但自 2015 年 9 月以來，對彼此的指控似有減少。

這是鼓舞人心的第一小步進展，與冷戰時期的核威脅相比，管理網路空間的其中一個困難，是難以確定攻擊來源。追蹤一枚核彈頭很容易，但在網路空間無法精準追溯源頭，因此無法以核威懾那樣的報復手段回擊。中共與歐巴馬政府簽署的備忘錄於 2017 年在川普執政得到確認。然而，川普政府重新對中國大舉竊取商業機密提出指控，並計畫修改美國軍事戰略，當發生大規模網路襲擊時允許以核武反制，這被專家稱為「網路珍珠港事件」。

這樣的風險升級，顯示出網路空間已變成一個重要的戰略領域，而中國對此點了然於心。

第四部　主要的十個行動槓桿　147

焦點

中共也運用高科技，加強社會的監控。中國在這方面大力推行了多項措施，包括「社會信用體系」，在 2020 年完工，根據從各方面搜集的數據，為每個公民分配一個應得的信用分數。另一個計畫將 14 億中國人納入一個龐大的資料庫，隨時隨地都能進行人臉辨識。

要點

2014 年，中國政府內部成立了一個「中央網絡安全和信息化領導小組」（現名為「中央網絡安全和信息化委員會」）。要不是習近平親自管理，可能無人關注，這也顯現他對網路的重視。在第一次會議上，習近平明確表示「沒有網路安全，就沒有國家安全」。同年，習近平還創立了一場世界互聯網大會，每年在中國南方的烏鎮舉行。

2006年至2014年歸咎於中國的網絡攻擊次數

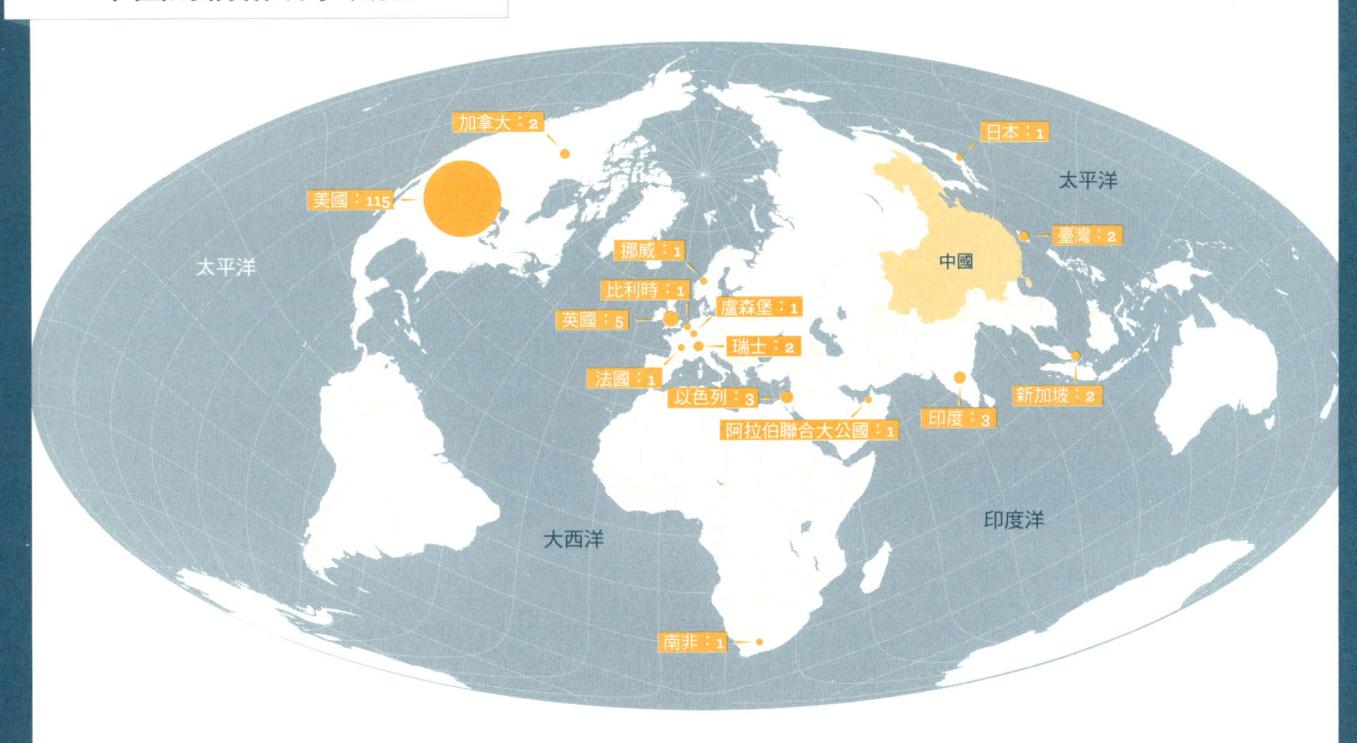

- 加拿大：2
- 美國：115
- 日本：1
- 臺灣：2
- 挪威：1
- 比利時：1
- 盧森堡：1
- 英國：5
- 瑞士：2
- 法國：1
- 以色列：3
- 阿拉伯聯合大公國：1
- 印度：3
- 新加坡：2
- 南非：1

中國
太平洋
大西洋
印度洋

● 中國發動的網路攻擊數量

資訊由麥迪安網路安全公司（Mandiant）提供

35 太空：中國的嶄新邊疆

當中國開始重視自己的太空計畫時，有人感到驚訝並質疑中國為什麼在 40 年後要步上美國和蘇聯後塵？然而，現今沒人再提出這個問題，因為中國正逐漸成為一個各方面完備的太空強國。

中國於 2003 年進行了第一次的載人太空飛行，成為繼美國和俄羅斯之後，能夠將人類送上太空並成功返回的少數大國之一（歐洲則放棄此項嘗試，使用現有運載火箭來支持龐大的太空計畫）。神舟號的發射是在政治和科學上都極為重要的一個事件，上面載著中國第一位航天員楊利偉。從那時起，中國在 2005 年及 2008 年又進行兩次載人飛行，在 2008 年那次還完成了出艙活動。

在美國最後一次登月的 40 年後，由中國國防部管理的野心勃勃太空計畫，也將目標瞄準了月球。2013 年，中國發射了第一個月球探測器「嫦娥三號」，並計畫在 2018 年發射「嫦娥四號」，這將是第一個降落在月球背面的探測器；接著在 2020 年發射另一個探測器登陸火星。中國還宣布了到 2030 年在月球建立第一個永久基地的計畫，不僅展現它的雄心壯志，以及所有相關領域的長遠願景。

戰略自主性

為什麼中國如此關注太空？除了顯而易見的科學利益外，中國顯然採取了「戰略自主」，並投入了相應的資源。以全球定位系統（GPS）為例：在 2000 年代初，中國加入了歐洲的伽利略定位系統（Galileo）計畫，目的是提供有別於美國 GPS 的替代選項。美國對中國的參與感到不滿，因為這將讓它的戰略競爭對手，在未來有可能受益於自己歐洲盟友的技術服務。隨後，我們見到法國參謀長前往北京與中國同僚談判，在最後一刻加入一項條約，排除中國在軍事衝突情況下的數據訪問權限。

這些限制再加上歐洲計畫的延誤，促使中國決定單打獨鬥，啟動了自己的衛星導航。由於中國不缺資金，也不為綁手綁腳決策流程所累，因此這個名為「北斗」的系統，比起伽利略更早在中國全境運行。自 2013 年以來，中國政府規定所有長途客運和新出的卡車必須安裝「北斗」系統，讓壟斷中國市場的 GPS 首次踢到了鐵板。

天宮

中國還決定建立自己的低地軌道太空站——「天宮空間站」，這是它在被美國拒絕加入國際太空站（ISS）後做出的決定。國際太空站由多個太空強國共同打造，包含俄羅斯和美國，即便兩國之間存在分歧。中國的未來空間站「天宮」會先經歷測試階段，並在 2022 年陸續完工。2017 年，中國測試了專為天宮站設計的運載火箭「天舟一號」。

太空領域的敏感問題之一為軍事化，以及摧毀繞地球運行的情報或定位衛星的武器開發，這些衛星在現代戰爭中已不可或缺。2007 年，中國測試了第一枚反衛星飛彈，能從地面發射摧毀衛星，重新掀起了太空軍備競賽。

中國 1970 年發射的第一顆衛星僅能播放一首名為〈東方紅〉的樂曲⋯⋯從那時起，中國的太空探索一路突飛猛進。

> **20 億美元——這是 2017 年中國投入太空產業的預算，這金額或許被低估了。**

焦點

雖然中國的太空計畫主要由國家（特別是軍方）主導，但跟美國一樣，中國私人企業也興趣濃厚。猶如伊隆‧馬斯克（Elon Musk）跟他的太空探索技術公司（SpaceX）計畫，張昌武的新創公司「藍箭航天」正致力開發自己的太空發射器，目標是搶下競爭激烈的全球衛星發射市場份額。然而，一些西方分析人士認為，這些私人企業與中國政府有密切的往來。

要點

所有國家都對宇宙中其他生命形式的存在感到興趣，中國也不例外。中國於2016年在貴州省（中國南部）建立了一座巨型望遠鏡，覆蓋面積相當於450座籃球場，能夠接收潛在的外星訊息。這座望遠鏡比美國設在波多黎各的同類設備大兩倍，對於習近平主席來說，它代表「中國在天空中的眼睛」，象徵著中國嘗試理解和掌握太空領域的野心。

2017年全球太空計畫支出：中國跟其他太空強國的比較

預算 (以十億美元計)

- 美國-美國國家航空暨太空總署　19
- 歐盟-歐洲太空總署　6,1
- 俄羅斯-俄羅斯航太　2,5
- 中國-中國國家航天局　2
- 印度-印度太空研究組織　1,4
- 日本-日本宇宙航空研究開發機構　1,4

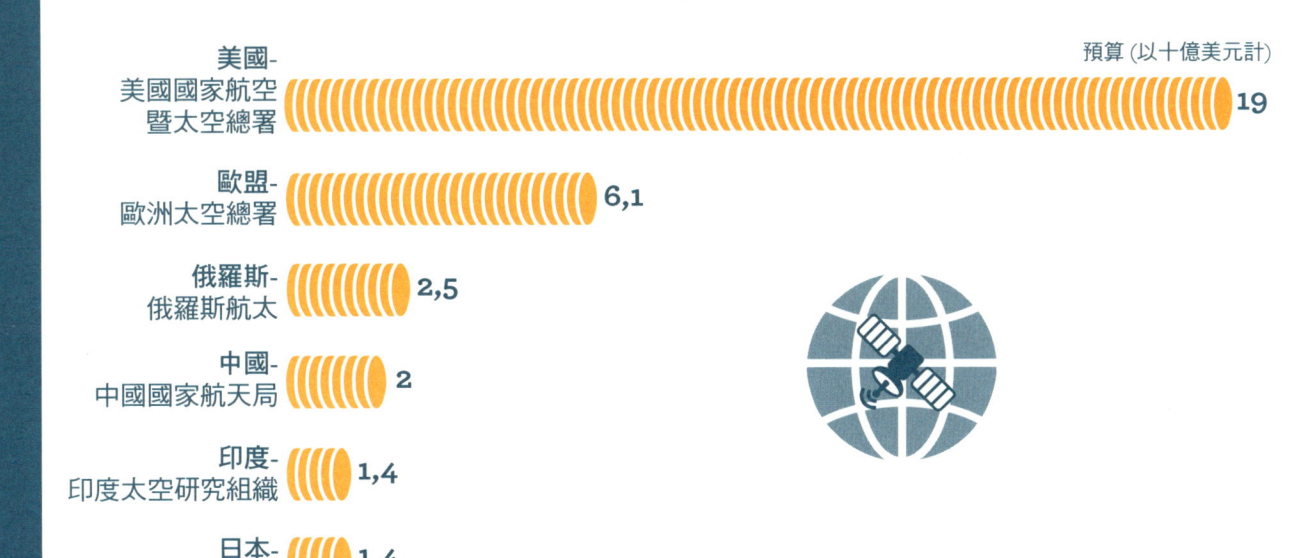

36 中國跨國企業的風雲時代

雖然「中國製造」的產品充斥在我們的生活中,但歐洲人能舉出的中國品牌卻寥寥無幾。不過,少數的中國品牌開始嶄露頭角,比如生產智慧型手機的華為或由馬雲領軍的中國電商巨頭阿里巴巴。某些人也許知道在 2005 年收購了 IBM 個人電腦業務的聯想(Lenovo)電腦,跟家電品牌海爾(Haier)一樣,皆出自中國。

然而,我們要對此現象習以為常,因為在過去 20 年中,中國一直致力扶植各產業的巨頭,讓企業先經過達爾文的物競天擇,再將最強的公司合併一起。在法國會稱之為「柯爾貝爾主義」(Colbertisme),即由一個戰略型的國家領導,打造國家「領軍企業」。

無論是國有或私營,這些中國「領軍企業」坐擁法國企業欠缺的優勢:龐大的內需市場,和資本日漸雄厚的國家。

「領軍企業」華為

總部位於深圳的通訊設備製造商華為,其根源可追溯至中國解放軍,逐漸成為國家的領軍企業,在開拓中國市場後向外擴展。2000 年代,當華為開始進入亞洲或非洲的周邊市場時還無人關切,直到它進軍歐洲才引起注意。藉由自身技術和具有競爭力的價格,華為可說是「痛宰」了西方競爭對手:加拿

大的北電網路（Nortel）、法國的阿爾卡特（Alcatel）、斯堪地那維亞的愛立信（Ericsson）和諾基亞（Nokia），皆因華為的銳不可當而受重創。

在各行各業中，我們都看到了中國企業「領軍」崛起並在全世界制霸。2017 年，德國的西門子（Siemens）和法國的阿爾斯通（Alstom）在早兩年成立的中國中車的壓力之下進行了合併。中國中車是全球最大的鐵路列車製造商，本身就由兩間中國國有企業合併而成，擁有 19 萬名員工。中國中車憑藉低於競爭對手 20% 至 30% 的價格，以及依靠中國規模龐大的保護主義市場，開始搶下國際合約，讓歐洲國家意識到威脅已近在眉睫。

在汽車產業方面，20 年前中國還只是全球大品牌製造商的代工生產基地，這些品牌被迫與中國國有企業合資，才能在中國生產。中國現有約 100 間汽車製造商，其中一些正異軍突起，並逐漸成為產業要角。以東風為例，這家公司長期以來是法國寶獅雪鐵龍集團的中國「小夥伴」，如今卻握有 4% 的股份。另一家中國私人企業吉利汽車在 2009 年從福特手中收購了著名的瑞典坦克（Volvo），並且還收購了同樣著名的倫敦計程車製造商錳銅控股（Carbodies）。

電動車產業

中國在電動車產業大舉投資，如今掌握全球四分之三的電池生產，成為這個前景產業的領先者。

中國幾乎在所有產業都不斷提升技術和實力，類似的例子不勝枚舉，甚至包括那些看似「被控制」的複雜產業，比如飛機製造業。中國正做足準備：與空中巴士和波音一較高下，並憑藉其龐大的內需市場，建立第三大的民用航空中心——儘管這一天尚還遙遠，卻終將不可避免。

這些在國家主導下的高科技公司，成為中國國際化的一大助力。順帶一提，它們也扭轉了中國原本缺席的全球化過程。

但這個過程也不乏挑戰和波折。例如，在電信產業，華為因國安問題正漸被美國市場拒之門外。而另一家中國製造商中興通訊則在 2018 年因被美國切斷電子零件供應，一度幾乎陷入破產，這顯示中國尚未達成戰略自主。

毫無疑問，中國的跨國企業將發揮越來越多的影響力，而我們也勢必會熟悉它們的名字。

焦點

中國人稱他為馬雲,西方人則稱他為 Jack Ma,他毫無疑問是全球最著名的中國企業家。馬雲於 1999 年創立了電商巨頭阿里巴巴,他曾受到世界經濟論壇的熱烈歡迎、各國總統的接待以及投資者的愛戴。這位來自杭州、白手起家的企業家,成功將他的公司在華爾街上市,一度成為中國和亞洲最富有的人、傳奇的億萬富翁,並且還能夠在擠滿員工的體育場中載歌載舞。

要點

根據法國漢學家瑪麗格萊爾·白吉爾(Marie-Claire Bergère)的研究著作《中國:新型國家資本主義》(*Chine: Le Nouveau Capitalisme d'Etat*),中國經濟在過去 30 年的轉型並未重塑一個資本主義系統,而是「充分利用市場資源以促進經濟發展」。最重要的是,這些變革並未導致「征服的資產階級」的出現,而是萌生了一個「由不同背景的企業家所組成的群體」,而他們依舊「受到政府當局的牽制」。

中國智慧型手機和通訊製造商華為的驚人成長

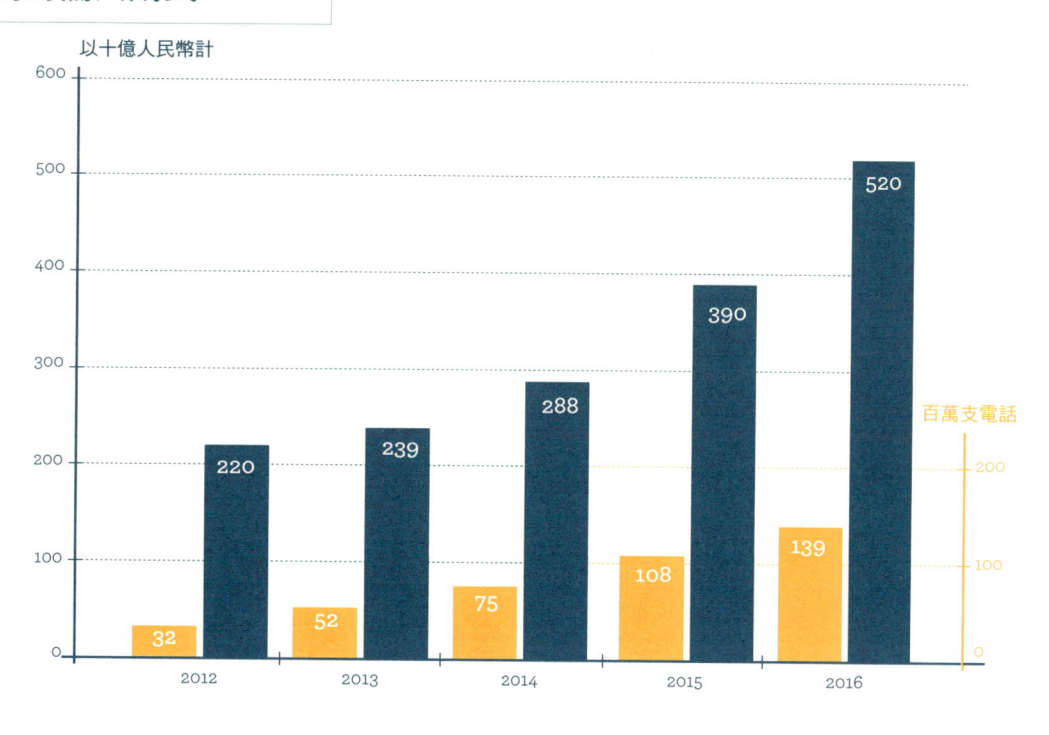

年份	華為營業額（十億人民幣）	智慧型手機數量（百萬支）
2012	220	32
2013	239	52
2014	288	75
2015	390	108
2016	520	139

華為營業額，以十億人民幣計
華為製造的智慧型手機數量，以百萬計

37 從軟實力至銳實力

自從中國發現了哈佛大學甘迺迪政府學院（John F. Kennedy School of Government）教授約瑟夫・奈伊（Joseph S. Nye）在 1990 年提出的概念之後，便開始尋求自身的軟實力。

這種影響力和向外散發光芒的「柔性」策略，與軍事或經濟上的「硬實力」（Hard Power）形成了對比，雖然要在一個威權國家實施這樣的策略會較為棘手，但它仍是中國的戰略之一。中國甚至將 Soft Power 直譯成中文的「軟實力」，這或許從一開始便造成誤解。

2007 年，當時中國的崛起開始引發亞洲鄰國及其他區域的擔憂，時任中國領導人的胡錦濤因此在中國共產黨全國代表大會上表示，中國需要更大力發展軟實力。自此以來，北京在軟實力戰略上砸下了數十億美元，但成效不彰。

解放人才

約瑟夫・奈伊本人曾多次受邀至中國進行演講，在眾多大學介紹他的軟實力概念，出版多本書籍、發表專文和參加中國智庫的會議。在其中一趟旅行結束後，奈伊教授於《華爾街日報》（*Wall Street Journal*）發表了一篇文章，講述他與當地學生和教授的交流經歷，點出政治審查和自我審查所施加的壓力。他寫道：「所有國家都可以從彼此的文化吸引力中受益。但中國若要在這方面取得成功，它必須鬆綁對公民社會中人才的控制。」明顯對中國的印象不佳。[37]

六年後，約瑟夫・奈伊在另一篇文章中重申其觀點，但他對於北

京施展「銳實力」（Sharp Power）的強硬手腕——即在中國境內或海外操弄公眾輿論的意圖——深表遺憾。在他看來，這與軟實力背道而馳。38

隨著中國在國際舞台上變得更為強勢，銳實力取代了軟實力。英國的權威週刊《經濟學人》（The Economist）甚至在 2017 年 12 月的封面上用「銳實力」來描述中國的新影響力。在一些國家，這個影響力引起了爭議和抵抗，例如在澳洲，北京被指控企圖「買通」來獲得政治支持。

中國一開始的野心是採取「溫和」姿態。為了改善中國對外形象及安撫合作國家，中國多管齊下，藉由豐富的文化遺產以便吸引全世界。這就是中國把拓展至全球的語言中心，命名為「孔子學院」的原因。

熊貓外交

最著名也最成功的軟實力例子，莫過於「熊貓外交」。近幾十年來，中國贈送、租借世界自然基金會（WWF）的吉祥物熊貓，給友邦或是欲討好的國家。1972 年，毛澤東在美國總統尼克森訪華後，贈送一對熊貓給美國。在法國，博瓦勒（Beauval）動物園租借的熊貓夫婦歡歡和圓仔在 2017 年生下了一隻小熊貓——它的教母正是法國總統夫人碧姬．馬克宏（Brigitte Macron）。

最後，習近平主席也化身軟實力的代言人。他借鏡「美國夢」，發展出一套「中國夢」的安撫性論調，企圖向世界說明中國不過是走自己的道路。

中國雖然大力投資軟實力，但建構的國家形象卻不如預期。2017 年在亞太地區的民意調查顯示，大多數的澳洲人、日本人、印尼人、印度人、越南人和南韓人，認為中國的影響力會對自己國家造成「威脅」，尤以韓國人、越南人和日本人視中國為「重大威脅」。皮尤研究中心（Pew Research Center）同主題調查顯示，93% 的南韓人、90% 的越南人和日本人、78% 的澳洲人及 56% 的印度人對中國的軍事崛起感到擔憂。39 相反地，對於中國經濟實力的成長，則意見分歧，多數澳洲人和日本人持正面態度，而多數印度人和越南人則為負面。

因此單靠砸錢在軟實力上，並不足以為崛起的中國提升「友好形象」，約瑟夫・奈伊對此早有先見之明。

> 「如果中共能夠部分鬆綁對公民社會的嚴格控制，便能增進中國的軟實力。」
> ——約瑟夫・奈伊

第四部　主要的十個行動槓桿　159

焦點

　　作為文化和語言學習中心的孔子學院，成為了中國軟實力的象徵：自從 2004 年成立第一所以來，已經在 87 個國家設立超過 500 所學院，並預計逐年拓展，在 2020 年前達到 1000 所的目標。這些學院招收 150 萬多名學生，超越法國、英國和西班牙同類機構的總和。在美國或歐洲等地，這些學院的成立時不時引起關於中國政治影響力的爭議。

要點

　　中國對韓國軟實力帶來的效應既關注又羨慕，包括在中國年輕人之中造成的影響力。韓國「夾在」兩個大國（日本和中國）之間，成功發展出一種獨特文化，不僅出口到全世界，還賦予韓國一種充滿活力的國家形象。例如韓流團體，他們的成員通常受過嚴格統一的訓練，吸引了大量粉絲，連巴黎演唱廳都座無虛席；又或是韓國電視劇，在中國蔚為風潮。但中國並沒有類似的文化輸出。

2017年「熊貓外交」在全世界的拓展圖表

標籤位置	標籤
	太平洋
	加拿大
	美國 ❶
	墨西哥
	太平洋
	俄羅斯
	芬蘭
	丹麥
	英國
	比利時
	德國 ❹
	法國
	奧地利
	西班牙
	以色列
	中國
	日本 ❸
	韓國
	臺灣
	香港 ❷
	澳門
	泰國
	馬來西亞
	新加坡
	印尼
	澳洲
	大西洋
	印度洋

中國，熊貓之國
- 中國，野生大熊貓的自然棲息地
- 今日的熊貓自然棲息地

中國外交大使──熊貓
- 現存有一隻或數隻熊貓的國家
- 過去存有熊貓的國家

居住在中國境外的熊貓
- 出借熊貓的國家
- 在動物園出生，但將返回中國的熊貓
- 即將迎來熊貓的國家

15
8
2

貿易合作夥伴
❶ 中國主要出口國排名

38 媒體資訊戰

　　在冷戰時期，短波廣播曾是主要的意識形態角力戰場。在今日後意識形態時代的影響力之爭，戰場已經轉移到衛星電視、大的網路串流平台，甚至電影等媒體。中國很快看清情勢，在經濟大幅成長時大舉斥資──2016 年公布的預算高達 70 億美元──確保官宣能散播至全球各個角落。與西方新聞媒體 CNN、BBC 或法國 24（France 24），或是俄羅斯的 RT 電視台及卡達的半島電視台（Al Jazeera）一樣，北京在 2016 年 12 月推出了共有六種語言（中文、英文、法文、阿拉伯文、西班牙文和俄文）的「中國環球電視網」頻道，透過衛星電視和網路在全球播送。

　　不同於 BBC 或法國 24 保持編輯團隊的獨立性及努力提升國家形象，中國環球電視網的任務是「宣傳好以習近平為核心的黨中央治國理政新理念，講好當代中國發展進步的精彩故事，闡釋好中國道路、中國理念和中國貢獻，在重大全球事務和國際議題中發出中國聲音。」中國政治局負責宣傳業務的劉雲山表示道。

國際能見度

　　中國媒體也在國際上的宣傳部署快馬加鞭：自 2009 年以來，中國官方的「新華社」在海外成立了 40 多個分支，總數高達 162 個。這跟遭逢危機的西方媒體形成了對比，後者由於成本高昂而傾向縮減國際業務。

　　中國媒體還在出乎意料之外的地方提升國際上的能見度。例如，新華社租下了紐約時代廣場知

名的巨型電視螢幕來播報新聞。北京官方英文日報《中國日報》（China Daily），則在法國《費加洛報》（Le Figaro）和美國《華盛頓郵報》（Washington Post）等報紙插入付費增刊。這些措施造成的影響難以評估。根據路透社（Reuters）報導，中國國家級的「中國國際廣播電台」間接控制了包含美國在內的14個國家中的33個電台，以便提升中國的形象。

這些宣傳在外觀設計上不失講究。拿中國英文新聞網站「第六聲（The Sixth Voice）」的風格，跟美國或歐洲同類網站比較，前者並未相形見絀：設計簡潔、直白的流行用語、關注社會的議題。不過，這仍是由中共經營、面向國際大眾的網站之一。

儘管中國在形式上有所妥協，但在內容上絕不讓步。2013年，習近平上台後不久，中共內部發布了「九號文件」列出需要對抗的「錯誤趨勢、立場和意識形態活動」，其中包括了「西方新聞自由」。

曾在「中國國際廣播電台」法語部擔任一年「外國專家」的法國記者安妮・索特蒙德（Anne Soëtemondt）解釋了中國對新聞產業的看法：「宣傳，即是要傳播正面的訊息，他們只是迴避了不想讓人們知道的消息。」[40] 中國在發展中國家——特別是非洲，大力推動這種「正面宣傳」。

中國的票房

中國還透過強大的私人集團，如萬達集團、網路巨頭阿里巴巴和騰訊，在好萊塢砸下重金。美國人非常樂於敞開大門，趁著中國票房不斷攀升之際，長驅直入中國的封閉市場。

正如文森・多佐爾（Vincent Dozol）所點出的，這些投資「換來的代價是做出妥協：修改電影台詞來取悅北京當局；修改電影情節，使中國成為世界第一強國；抑或把某些電影中的侵略者從中國改為北韓等等。」[41]

電影產業是中國政府的執念之一。中國政府已經注意到印度寶萊塢（Bollywood）電影在許多發展中國家、甚至中國的大獲成功，這是印度軟實力的一環。中國電影（除了少數例外）無法激起一樣的國際聲勢。

無論是在媒體還是在大銀幕上，中國希望最終能打造出一個和諧友好的國家形象，就算斥資數十億美元亦在所不惜。

> 「嚴格遵守黨的領導是根本方針。」
> ——習近平在2016年訪查國家媒體機構時表示。

焦點

2017 年，北京對一些線上學術出版商施壓，要求他們從網站下架涉及敏感議題的文章，如天安門事件或西藏問題，否則將被中國封鎖。德國的施普林格（Springer）和英國的劍橋大學出版社（Cambridge University Press）一開始同意遵守北京的要求，但此事在學術界引起強烈反彈之後，他們宣布撤回決定。此事引起一片擔憂。

要點

電子商務巨頭阿里巴巴的創辦人馬雲在 2015 年收購了香港最大的英語日報《南華早報》（*South China Morning Post*），這是亞洲最具聲望的報紙之一，此舉令外界大感驚訝。《南華早報》曾經是報導中國新聞極具公信力且獨立的媒體來源，早在這次收購之前，已變得更加審慎，少了一些「英美風格」，添了一些「愛國色彩」。然而，馬雲堅稱自己不會干涉編輯方向。

中國在世界各地的電台分佈圖

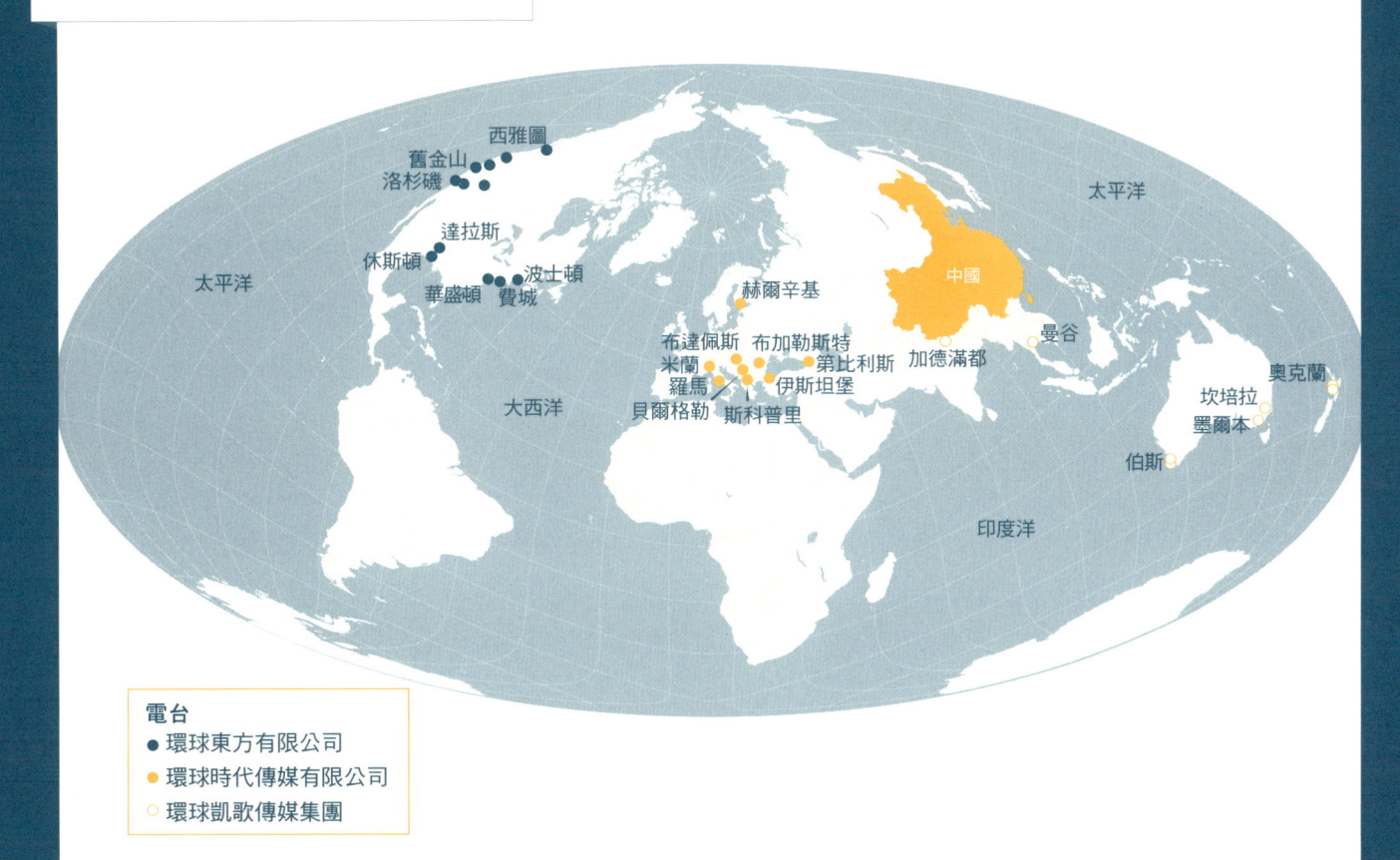

電台
- 環球東方有限公司
- 環球時代傳媒有限公司
- 環球凱歌傳媒集團

地點標示：西雅圖、舊金山、洛杉磯、達拉斯、休斯頓、華盛頓、波士頓、費城、赫爾辛基、布達佩斯、布加勒斯特、米蘭、羅馬、貝爾格勒、斯科普里、伊斯坦堡、第比利斯、加德滿都、中國、曼谷、奧克蘭、坎培拉、墨爾本、伯斯

海洋：太平洋、大西洋、印度洋

39 廣大華僑華人的優勢

在中國邁向國際化的過程之中，中國的移民現象是不可忽視的因素，無論是發生在過去、現在，或是出於經濟、政治和求學因素。華僑是全球最大的移民族群，遍佈在五大洲，總數超過5000萬人，相當於一個大的歐洲國家。長期以來，中國和臺灣在這些鄰近或遙遠的華人社區之中，進行意識形態上的抗爭，目的是壓過「另一個」中國。雖然這樣的對立依舊，但在中華人民共和國經濟的施壓下，已和緩許多。

北京巧妙地在亞洲華人社群中建構人際網絡，這些社群跟中國的經濟起飛息息相關。香港和東南亞的華人富豪是最早投資後毛時代中國的一群，既出於「愛國主義」，也是「友邦壓力」和利益使然，進而啟動了中國經濟的轉型。

「華僑」或「華裔」？

這些分布在美國、法國（歐洲最大華人社群聚集地）、亞太地區，甚至剛踏上非洲的華人社群，有了許多轉變。最早的華人移民於1820年代「掏金熱」時期到達美國，或在第一次世界大戰期間以工代兵參戰抵達法國。隨後，這些社群吸納了非常多樣化的人口。「華僑」和「華裔」的主要區別在於，前者是今日具有中華人民共和國國籍的人，後者指擁有華人血統但沒有中國國籍的人。

在法國，龐大的華人社群又細分為不同的群體：來自中國南

方、特別是溫州地區的早期移民；在 20 世紀 70 年代因越南難民危機而前來的「海外」華人；1990 年代和 2000 年代中國工業結構重組後，來自中國北方的移民；以及中國崛起時期的數千名學生和企業家。這些離散的群體形成了不統一的社群，往往說著相異的語言，卻皆對一個強大的文化充滿依戀。

隨著中國經濟發展，更擴大中國人在全球的足跡：數十萬名學生被政府和家庭鼓勵到國外留學。根據中國教育部的數據，2015 年，超過 52 萬名中國學生出國留學，累計有近百萬名學生待在美國，而一部分就讀歐洲的大學。

在開放初期，許多留學生選擇留在當地工作，有時是永久定居；如今越來越多的學生在畢業後返回中國，顯示出中國的吸引力有所提升。2010 年代，約有 70% 至 80% 的海歸留學生，與前一時期相比大幅成長。中國就業前景，再加上 2008 至 2009 年在金融危機後西方國家的經濟低迷，促使這些學生的回流。這些學生的社經背景，多半是富二代或來自新興中產階級，因此讓他們能安心返鄉，而無經濟後顧之憂。

「對祖國的愛和熱情，流淌在每個炎黃子孫的血液裡。」——李克強前總理，2016 年

人才創業孵化器

中國也為國外留學生制定了相當誘人的計畫，以便吸引人才回流。專門的創業孵化器、雙語學校、低息貸款等措施：一切都為這些在不同文化環境中成長、不願失去這一優勢的中國人順利融入職場。

最後，數十萬名中國人因中非貿易的發展而前往非洲。他們多數是跟隨建設計畫而來，合約終止後繼續留在當地開創個人事業。其他人則是在對非洲一知半解下前去，但他們利用同鄉的人際網絡和無可否認的商業才能，成功在當地立足。

對中國而言，這些積極進取的僑胞是重要的資產，不過，隨著移民跟在地居民或政府產生摩擦、安危風險日益升級，他們也成為了中國必須展現大國風範、開始承擔的責任。

焦點

　　溫州位於上海以南約 500 公里，不僅是擁有千萬人口的大都市，也是 60 多萬名旅法華人的故鄉。這些古老的移民潮橫跨了整個 20 世紀，遷至法國和西歐的一部分。溫州在中國以經商文化聞名，這個特點也反映在僑民身上：「溫州人」是法國華人社區中最活躍的族群。

要點

　　在中國駐外大使館內，設有一個隸屬於國務院僑務辦公室的部門。這個部門不只負責領館事務，也進行重要的政治監控、宣傳北京當局的訊息，維繫「祖國」與僑民關係等業務。中國留學生尤深受其害，他們被要求不能參與任何批評中國的行動。

全球華僑華人的分佈圖

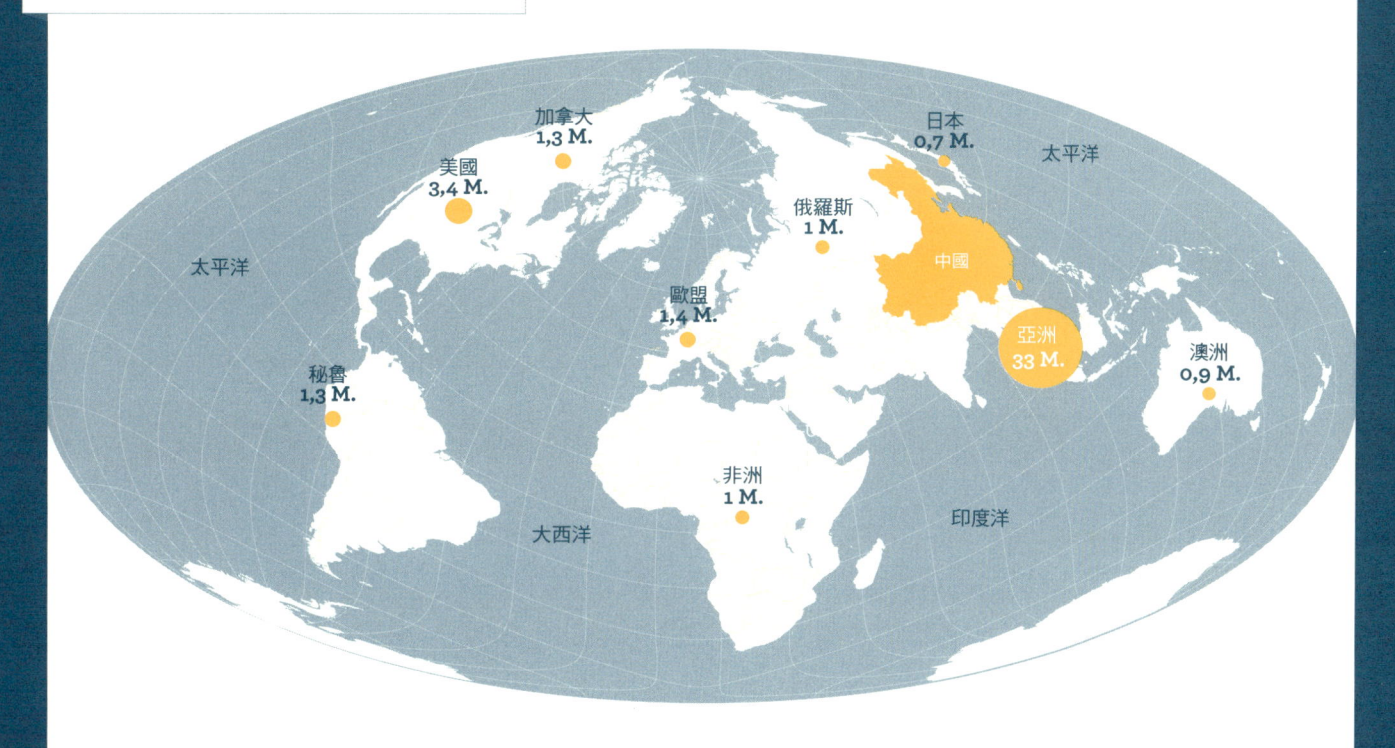

- 加拿大 1,3 M.
- 日本 0,7 M.
- 美國 3,4 M.
- 俄羅斯 1 M.
- 中國
- 歐盟 1,4 M.
- 亞洲 33 M.
- 秘魯 1,3 M.
- 澳洲 0,9 M.
- 非洲 1 M.

太平洋　太平洋　大西洋　印度洋

● 以百萬（M.）計算的華僑華人

40 振興民族的企圖

在習近平時代，中國政權仰賴三大支柱：第一為馬克思列寧主義，習近平一再強調它的核心地位，要求黨內領導層深入學習；二為儒家思想，經過毛澤東時期的打壓後恢復地位，幫助中國找回根源；最後一點，或許也最為重要的是民族主義，它不僅前所未見地受到頌揚，用來慶賀「中國偉大復興」的成功。

從理論上來說，民族主義似乎跟馬克思主義提倡的國際主義相互矛盾——馬克思主義雖是中國官方的意識形態，卻遠遠未付諸實行。不過，當聆聽習近平在2017年10月中共19大上的漫長報告時，即能理解這三大官方思想支柱之間的關係。

在習近平的演講中，共產黨的計畫皆相連在一起：中共建黨100周年（在2021年盛大慶祝）、「中國偉大復興」（預計在另一個象徵性的周年慶，即2049年中華人民共和國成立100周年時達成）以及中國在21世紀成為世界第一強國的目標。

中國夢

習近平推廣的「中國夢」是一種政治行銷概念，跟在20世紀佔主導地位的「美國夢」相互應。自19世紀與歐洲發生衝突以來，中國歷經了卑躬屈膝和自卑的「百年屈辱」，而「中國夢」即是藉由凸顯身份認同，來找回自信與驕傲。

為實現這一目標，中共拒絕接受西方創造的「普世價值」，即便北京在口頭上一度接受這些價值觀。如今，無論是大學、電視節目、

文學和歷史敘事都將這些「西方價值觀」剔除在外。

2015年1月，在關於「進一步加強和改進新形勢下高校宣傳思想工作的意見」的座談會上，當時中國教育部長袁貴仁命令大學教師「絕不能讓傳播西方價值觀念的教材進入中國高校的課堂。」他還補充說道，「敵對勢力正不斷對我們進行滲透分化。」2014年，中國社會科學院院長王偉光表示，普世價值是西方的「意識形態滲透」，目的在於削弱黨的權力，「使中國再次淪為某些發達資本主義國家的殖民地。」

這種言論與中共2013年甫上台的習近平所發佈的「九號文件」的內容相符。[42] 這份文件列出了中共必須打擊的西方「七大錯誤趨勢」，首先便是「西方普世價值」，其次是「西方憲政民主」、「西方新聞自由」、公民社會概念、虛無主義，甚至還有對中國共產黨歷史的批評。

中國的價值觀

這種「中國化」是中國試圖反駁「普世價值」的新嘗試，然而，中國加入的聯合國，服膺的正是這些價值。2000年代初，北京曾簽署聯合國《公民和政治權利國際公約》以回應國際壓力，但從未批准實施。中國跟西方價值自此分道揚鑣。

過去，新加坡國父李光耀在80、90年代提出的「亞洲價值」曾在整個亞洲風靡一時並吸引中國。1978年，鄧小平在成為中國領導人並提出經濟計畫的前一個月，拜訪了李光耀；而繼任者習近平亦認同，新加坡和李光耀的菁英治國理念，為中國樹立了榜樣，貢獻良多。

自從2012年習近平上台以來，中國變得更有信心，任何西方化的蛛絲馬跡都被斬草除根。在過去十年萌芽的公民社會意識——包含獨立律師、環保或愛滋病非營利組織，以及言詞犀利的部落客，皆以對抗意識形態為由，遭中國打壓。

這種由中國政府控制、散播的民族主義偶爾會在網路上失控，像是排日情緒——多半是跟二次大戰回憶有關，或是對所有「叛國賊」的群起撻伐。只要能夠掌控民族主義、只要能推動「中國夢」，並在國內外塑造出強大和崛起的形象，民族主義之於中國政府便是一大利器。

>「國際敵對勢力正在加緊對我國實施西化、分化戰略圖謀。」
>——胡錦濤前主席，2011年

第四部　主要的十個行動槓桿　171

焦點

當動畫電影《功夫熊貓》（Kung Fu Panda）在中國上映時，藝術家趙半狄氣憤難平。他生氣的理由是：這部關於中國國寶熊貓的冒險電影，竟然是由美國夢工廠製作，而不是中國製作的。趙半狄以熊貓為題的作品聞名，他曾試圖在網路上抵制這部片，但徒勞無功，不足以擋下「這份污辱」，他的行動只讓這部電影在四川首府成都——熊貓之鄉——延遲上映。

要點

在中國極具影響力的法國企業——家樂福，在 2008 年北京奧運會前，因為奧運聖火在巴黎傳遞時受阻，而受到情緒高漲的中國愛國主義者強烈抨擊。當時，支持西藏獨立的抗議者襲擊了一名在巴黎的中國身心障礙運動選手。隨後，在網路瘋傳的口號推波助瀾之下，中國的家樂福商場成為抵制和示威行動的目標，而這象徵了時代的變遷。

北京眼中的價值衝擊

中國

西方價值 ✗

- 憲政民主
- 人權的普世價值
- 新聞自由
- 公民社會的概念
- 虛無主義
- 批評共產主義思想

亞洲價值 ✓

- 法治國家
- 市場經濟和自由貿易
- 公部門的介入：
  - 經濟和社會領域（保護私人企業免受競爭、改善生活條件、倡導勤儉與紀律……）
  - 教育領域
- 儒家倫理道德

註釋

1. 馬克·里歐納德（Mark Leonard），《中國怎麼想？》（*Que pense la Chine?*），普隆出版社（Plon），巴黎，2008 年。繁體版由行人出版，2018 年。
2. 習近平在中國共產黨第 19 次全國代表大會的報告全文，新華社法文版，2017 年 10 月。
3. 弗朗索瓦·傑尤（François Joyaux），寫給勒內·格魯塞（René Grousset）《中國史》（*Histoire de la Chine*）的序言，帕約出版社（Payot），巴黎，1994 年新版。
4. 畢來德（Jean-François Billeter），《沉默的中國》（*Chine Trois Fois Muette*），阿利亞出版社（Allia），巴黎，2000 年。繁體版由無境文化出版，2000 年。
5. 由作者韓石在《中國：習近平加冕或帝國權力觀念的回歸》（*Chine: le sacre de Xi Jinping ou le retour d'une conception impériale du pouvoir*）一文中，引述畢來德之言，nouvelleobs.com，2017 年 10 月 25 日。
6. 孔飛力（Philip A. Kuhn），《中國現代國家的起源》（*Les origines de l'État chinois moderne*），香港中文大學，2014 年。
7. 勒內·格魯塞，《中國史》，帕約出版社，巴黎，1994 年。
8. 讓菲利普·貝雅（Jean-Philippe Béja），《尋找中國的影子：中國的民主運動（1919-2004）》（*À la recherche d'une ombre chinoise. Le mouvement pour la démocratie en Chine* 〔1919-2004〕），塞伊出版社（Seuil），「當代歷史」叢書，巴黎，2004 年。
9. 李克曼（Simon Leys），《中國論文集》（*Essais sur la Chine*），羅貝爾·拉豐出版社（Robert Laffont），「藏書」（Bouquins）系列，巴黎，1998 年。
10. 引述弗朗索瓦·布貢（François Bougon）的說法，他是《習近平思想內幕》（*Dans la tête de Xi Jinping*）的作者，南方行動出版社（Actes Sud），阿爾勒，2017 年。
11. 專訪法蘭西公學院（Collège de France）中國思想史講座教授程艾藍（Anne Cheng），《世界報》（*Le Monde*），2016 年 8 月 7 日至 8 日。

12. 張良，《天安門文件》（*Les archives de Tiananmen*），吉恩菲利普・貝賈（Jean-Philippe Béja）導讀，野貓出版社（Le Félin），巴黎，2004 年。
13. 讓路易・羅卡（Jean-Louis Rocca），《社會學家視角下的中國社會》（*La société chinoise vue par ses sociologues*），巴黎政治學院出版社（Sciences Po Les Presses），巴黎，2008 年。
14. 同上註。
15. 政治學者裴敏欣（Minxin Pei）提出這一論述。他是克萊蒙特・麥肯納學院（Claremont McKenna College）的教授，著有《中國的裙帶資本主義》（*China's Crony Capitalism*），哈佛大學出版社，美國劍橋，2016 年，探討中國經濟與政治之間的密切關係。
16. 出自《世界報》訪談，2017 年 2 月 17 日。
17. 藍可（Emmanuel Lincot），中國文化史專家，〈中國的文化產業：挑戰與前景〉（*Les industries culturelles en Chine. Enjeux et perspective*），《中國學刊》（*Monde chinois*），第 41 期，2015 年。
18. 拉埃蒂西亞・吉洛（Laëtitia Guilhot），格勒諾布爾經濟研究中心（Centre de recherche en économie de Grenoble），《中國經濟成長的新模式──面對「中等收入陷阱」挑戰的解方？》（*Le nouveau modèle de croissance de l'économie chinoise, un moyen pour relever le défi de la trappe à revenu intermédiaire？*），在第 31 屆第三世界協會（ATM，Association Tiers-Monde）「千禧年發展目標 15 年後的評估：減少貧困和／或增加不平等？」（*Le bilan des objectifs du millénaire pour le développement 15 ans après : réduction de la pauvreté et/ou montée des inégalités ?*）會上發表的演講，2015 年 6 月。
19. 引自法國研究員柯蕾（Chloé Froissart）於《世界報》刊載的〈中共驅離低端人口〉（*Le Parti communiste chinois fait la chasse au petit peuple*）一文，2017 年 12 月 13 日。
20. 柯蕾，《中國與其人口遷移：公民權的爭取》（*La Chine et ses migrants, la conquête d'une citoyenneté*），雷恩大學出版社（Presses universitaires de Rennes），雷恩，2013 年。
21. 參閱中國人口學專家伊莎貝爾・阿塔內（Isabelle Attané）的研究《苟留殘喘的中國》（*La Chine à bout de souffle*），法雅爾出版社（Fayard），巴黎，2016 年。
22. 同上註。

23. 魏明德,《南橘北枳:中國的宗教復興》(Les mandariniers de la rivière Huai. Le réveil religieux de la Chine),德斯克勒出版社(Desclée de Brouwer),巴黎,2002年。

24. 法理德・札卡瑞亞(Fareed Zakaria),《後美國世界》(The Post-American World),諾頓出版社(Norton and Company),紐約,2008年。繁體版由麥田出版,2008年。

25. 格雷厄姆・艾利森,《注定一戰?中美能否避免修昔底德陷阱》(Destined for War : Can America and China Escape Thucydides's Trap?),霍頓・米夫林出版社(Houghton Mifflin Harcourt),美國波士頓,2017年。繁體版由八旗文化出版,2018年。

26. 鮑佳佳(Stéphanie Balme)、丹尼爾・沙巴格(Daniel Sabbagh),《中國/美國:迷戀與競爭》(Chine/États-Unis, fascinations et rivalités),別具一格出版社(Autrement),巴黎,2008年。

27. 米歇爾・貝雷(Michel Beuret)、塞吉・米歇爾(Michel Beuret et Serge Michel),《黑暗大布局:中國的非洲經濟版圖》(La Chinafrique : Pékin à la conquête du continent noir),格拉塞出版社(Grasset),巴黎,2008年。繁體版由早安財經出版,2009年。

28. 吉恩弗朗索瓦・梅格里歐,《中非關係的幻滅》(Chine- Afrique, le désenchantement),《世界報》,2015年12月4日。

29. 凱末爾・基里希(Kemal Kirişci)與菲利普・勒科雷(Philippe Le Corre),《中亞地緣政治新局勢:中國在俄羅斯後院爭奪影響力》(The new geopolitics of Central Asia, China vies for influence in Russia's backyard),布魯金斯學會(The Brookings Institution),美國華盛頓特區,2018年1月。

30. 紀堯姆・皮特隆(Guillaume Pitron),《稀有金屬爭奪戰》(La guerre des métaux rares),自由連結出版社(Les Liens Qui Libèrent),巴黎,2018年。

31. 安妮瑪麗・布雷迪(Anne-Marie Brady),《中國作為極地強國》(China as a Polar Great Power),劍橋大學出版社(Cambridge University Press),英國劍橋,2017年。

32. 帕斯卡・里歇(Pascal Riché),〈中國製造的北極〉(Un pôle Nord made in China),《新觀察家》(Le Nouvel'Obs),巴黎,2017年11月23日。

33. 納比爾・瓦金(Nabil Wakim),〈在亞馬爾,全球最冷的工地上〉(À Yamal, sur le chantier le plus

froid du monde），《世界報》，2017年12月10日至11日。

34. 卡特琳・班浩德（Katrin Bennhold），〈何謂北京共識？〉（What Is the Beijing Consensus?），《紐約時報》，2011年1月28日。

35. 約翰・馬可夫（John Markoff）和馬修・羅森堡（Matthew Rosenberg），〈中國致力於研發智慧軍事武器〉（China works at making its weapons smarter），《紐約時報》，2017年2月6日。

36. 麥可・史密特（Michael S. Schmidt）和戴維・桑格（David E. Sanger），〈牽扯中國黑暗勢力的指控〉（Charges touch a shadowy world in China），《紐約時報》，2014年5月23日。

37. 約瑟夫・奈伊，〈中國軟實力的缺陷〉（China's soft power deficit），《華爾街日報》，2012年。

38. 約瑟夫・奈伊，〈中國的軟實力與銳實力〉（China's soft and sharp power），Project Syndicate 媒體平台，2018年1月4日。

39. 勞拉・西爾弗（Laura Silver），〈亞太地區的人民對中國觀感為何？〉（How People in Asia-Pacific View China?），www.pewresearch.org，2017年10月16日。

40. 安妮・索特蒙德（Anne Soëtemondt），《我曾為中國宣傳機器工作》（J'ai travaillé pour la propagande chinoise），時刻出版社（Éditions du Moment），巴黎，2011年。

41. 文森・多佐爾（Vincent Dozol），〈好萊塢在中國的黃金時代〉（Hollywood à l'heure chinoise），《呼喊者評論》（La Revue du Crieur），第6期，巴黎，2017年。

42. 克里斯・巴克利（Chris Buckley），〈中國警告來自西方的七大危險〉（China warns of 7 perils that come from West），《紐約時報》，2013年8月20日。

參考書目

Séverine ARSÈNE, *Internet et politique en Chine*, Paris, Karthala, 2011.

Isabelle ATTANÉ, *La Chine à bout de souffle*, Paris, Fayard, 2016.

Stéphanie BALME, Daniel SABBAGH, *Chine/États-Unis, fascinations et rivalités*, Paris, Autrement, 2008.

Jean-Philippe BÉJA, *À la recherche d'une ombre chinoise. Le mouvement pour la démocratie en Chine (1919-2004)*, Paris, Seuil, 2004.

Richard BERAHA, *La Chine à Paris, enquête au coeur d'un monde méconnu*, Paris, Robert Laffont, 2012.

Marie-Claire BERGÈRE, *Chine: Le Nouveau Capitalisme d'Etat*, Paris, Fayard, 2012.

Jean-François BILLETER, *Chine Trois Fois Muette*, Paris, Allia, 2000.

Jean-Joseph BOILLOT, Stanislas DEMBINSKI, *Chindiafrique: la Chine, l'Inde et l'Afrique feront le monde de demain*, Paris, Odile Jacob, 2013.

François BOUGON, *Dans la tête de Xi Jinping*, Arles, Actes Sud, 2017.

Anne-Marie BRADY, *China as a Polar Great Power*, Cambridge, Cambridge University Press, 2017.

Jean-Pierre CABESTAN, *Demain la Chine: démocratie ou dictature ?*, Paris, Éditions Gallimard, 2018.

Duncan CLARK, *Alibaba, l'incroyable histoire de Jack Ma, le milliardaire chinois*, Paris, François Bourin, 2017. 繁體版由聯經出版，2017 年。

Jean-Luc DOMENACH, Philippe RICHER, *La Chine 1, 1949-1971*, Paris, Points, 1995.

Jean-Luc DOMENACH, Philippe RICHER, *La Chine 2, De 1971 à nos jours*, Paris, Points, 1995.

Alice EKMAN, *La Chine dans le monde*, Paris, CNRS éditions, 2018.

Alain FRACHON, Daniel VERNET, *La Chine contre l'Amérique*, Paris, Grasset, 2012.

Howard FRENCH, *China's Second Continent: How a Million Migrants Are Building a New Empire in Africa*, New York, Alfred A. Knopf, 2014. 繁體版由麥田出版，2017 年。

Chloé FROISSART, *La Chine et ses migrants, la conquête d'une citoyenneté*, foreword by Jean-Philippe Béja, Rennes, Presses universitaires de Rennes, 2013.

Adrien GOMBEAUD, *Dans les pas du Petit Timonier*, Paris, Seuil, 2013.

René Grousset, *Histoire de la Chine*, foreword by François Joyaux, Paris, Payot, 1994.

Pierre HASKI, *Internet et la Chine*, Paris, Seuil, 2008.

Pierre HASKI, *Le sang de la Chine, Quand le silence tue*, Paris, Grasset, 2005.

Pierre HASKI, *Cinq ans en Chine*, Paris, Les Arènes, 2006.

Marie HOLZMAN, Bernard DEBORD, *Wei Jingsheng, un chinois inflexible*, Paris, Bleu de Chine, 2005.

Henry KISSINGER, *De la Chine*, Paris, Fayard, 2012.

Philip A. KUHN, *Les origines de l'État chinois moderne*, foreword by Pierre-Étienne Will, Paris, EHESS, 1999.

Mark LEONARD, *Que pense la Chine ?*, Paris, Plon, 2008.

Simon LEYS, *Essais sur la Chine*, coll. Robert Laffont, Paris, Bouquins, 1998.

Zhang LIANG, *Les Archives de Tiananmen*, foreword by Jean-Philippe Béja, Paris, Le Félin, 2004.

Michel BEURET, Serge MICHEL, *La Chinafrique: Pékin à la conquête du continent noir*, Paris, Grasset, 2008.

Yuri PINES, *L'invention de la Chine éternelle*, Paris, Les Belles Lettres, 2013.

Guillaume PITRON, *La guerre des métaux rares*, Paris, Les liens qui libèrent, 2018.

Jean-Louis ROCCA, *La société chinoise vue par ses sociologues*, Paris, Sciences Po Les Presses, 2008.

Jacques SANCERY, *Confucius*, Paris, Cerf, 2009.

Thierry SANJUAN, *Atlas de la Chine*, Paris, Autrement, 2012.

David SHAMBAUGH, *China's Communist Party. Atrophy and Adaptation*, Ewing, USA, University of California Press, 2008.

Philip SHORT, *Mao Tsé-toung*, Paris, Fayard, 2005.

Peter SINGER, August COLE, *Ghost Fleet: A Novel of the Next World War*, Boston, USA, Houghton Mifflin Harcourt, 2015.

Anne SOËTEMONDT, *J'ai travaillé pour la propagande chinoise*, Paris, Éditions du Moment, 2011.

Benoît VERMANDER, *Les mandariniers de la rivière Huai. Le réveil religieux de la Chine*, Paris, Desclée de Brouwer, 2002.

Xiaobo LIU, *La philosophie du porc*, foreword by Jean-Philippe Béja, Paris, Bleu de Chine-Gallimard, 2011.

Fareed ZAKARIA, *The Post-American World*, New York, Norton and Company, 2008.

資訊圖表來源

「中原」版圖 11
來源：https://www.voyager-en-asie.com/chine-monde-2/

因不平等條約向外國人開放的中國通商口岸和城市 15
來源：維基百科

中國地區經濟差異 19
來源：《華盛頓郵報》

山東省曲阜──孔子的故鄉 23

從毛澤東至習近平 27
來源：法新社（AFP）

中國的八位領導人 31
來源：韓石

中國的社會結構：今與昔 35
來源：https://www.nextbigfuture.com/2012/02/modest-hukoureform-opens-doors-for.html

2012 年習近平上台後反貪腐案件數量的增長趨勢 39
來源：https://www.chinalawtranslate.com/corruption-by-the-numbers/?lang=en

2016 年世界各國死刑概況：中國居冠 43
來源：https://www.hongkongfp.com/2017/04/11/china-executed-people-2016-countries-put-together-amnesty/

中國藝術品市場在全球居冠 47
來源：《巴黎人報》（Le Parisien）

減少對煤炭依賴的中國 53
來源：https://ourfiniteworld.com/2016/06/20/china-is-peak-coal-part-of-its-problem/

中國顯著放緩的經濟成長曲線 57
來源：《回聲報》（Les Échos）、維基百科、《金融時報》（Financial Times）

中國超過 100 個人口破百萬的城市 61
來源：《衛報》（The Guardian）

中國網路用戶數量的成長趨勢 65
來源：https://www.chinainternetwatch.com/whitepaper/china-internet-statistics/

印度人口與中國人口發展趨勢 69
來源：世界銀行、美國人口普查局（Bureau du recensement des États-Unis）

中國的宗教概況 73
來源：http://www.businessinsider.fr/us/new-religious-breakdown-in-china-14/

「歷史上的西藏」 77
來源：Lenoir, *Tibet, le moment de vérité*, Paris, Plon, 2008

中國的「蠻荒西部」 81
來源：《世界外交》（*Le Monde diplomatique*）

香港與「中國大陸」的對照 85
來源：《回聲報》

臺灣──「另一個中國」 89
來源：http://www.lemoci.com/fiche-pays/taiwan/

中國及其鄰國充滿紛擾的陸地和海上邊界 95
來源：法國政治學院（Sciences Po）的製圖工坊

美國自 2000 年以來與中國的貿易逆差 99
來源：http://www.internitional.se/ustrade2017.htm

中國在南海的「九段線」主張 103
來源：https://legrandcontinent.eu/2018/02/02/en-mer-de-chine-meridionale-le-rapport-de-force-penche-un-peu-plus-en-faveur-de-xi-jinping/

中印之間的爭議地區和邊界區段 107
來源：https://www.voanews.com/a/china-india-must-pull-back-troops-amid-border-standoff/3956339.html

中國在非洲的投資布局：各國簽訂的協議數量 ... 111
來源：https://www.howwemadeitinafrica.com/south-africa-gateway-chinas-investment-africa/58479/

並肩齊行的兩個大國：中國與俄羅斯 115
來源：http://www.leap2020.net/russie-chine-mutations-davenir-en-siberie/?lang=en

蘇聯解體之後的中國與其新邊境環境：
將歷史意外轉化為機遇 119
來源：法國國家文獻出版社（La Documentation française）

德國，歐洲對中國的第一大供應國 123
來源：布魯蓋爾智庫（Bruegel）、歐盟統計局（Eurostat）

中國壟斷全球絕大部分的「稀土」市場 ………… 127
來源：紀堯姆 皮特隆（Guillaume Pitron），《稀有金屬爭奪戰》（*La guerre des métaux rares*），自由連結出版社（éd. Les liens qui libèrent），巴黎，2018。

氣候暖化而促成的北極航道 ………………………… 131
來源：《新觀察家》

主導的經濟強國：過去、現在與未來 …………… 137
來源：《經濟學人》

新的陸上和海上絲路 …………………………………… 141
來源：彭博（Bloomberg）

中國國防預算變化趨勢 ………………………………… 145
來源：http://revel.unice.fr/psei/index.html?id=337

2006 年至 2014 年歸咎於中國的網路攻擊次數 … 149
來源：法新社

2017 年全球太空計畫支出：中國跟其他 ………… 153
太空強國的比較
來源：《印度時報》（*The Times of India*）

中國智慧型手機和通訊製造商華為的驚人成長 … 157
來源：http://www.chinadaily.com.cn/business/tech/2017-01/03/content_27842101.htm

2017 年「熊貓外交」在全世界的拓展圖表 ……… 161
來源：《世界報》

中國在世界各地的電台分佈圖 ……………………… 165
來源：路透社

全球華僑華人的分佈圖 ………………………………… 169
來　源：http://greaterpacificcapital.com/chinas-overseas-population-leveraging-a-critical-asset/

北京眼中的價值衝擊 …………………………………… 173
來源：韓石

「地緣政治」系列：
理解世界不可或缺的指南

　　危機、戰爭、外交事件……大國之間的博弈充斥在每日的新聞中，「地緣政治」系列提供了理解當今世界不可或缺的關鍵鑰匙。本系列是給充滿熱情、滿懷好奇或是一知半解的讀者的一塊入門磚，專家作者在淺顯易懂的專題文章剖析當代重大議題，讓讀者輕鬆掌握事件緣起、挑戰、問題和未來展望。

一看就懂！中國與地緣政治：40張資訊圖表，從世界工廠、中共崛起到習近平統治，解析強權競逐與全球戰略新布局
Géopolitique de la Chine

作　　　者／韓石 Pierre Haski
譯　　　者／姜盈謙
責 任 編 輯／王拂嫣、方之瑜
版　　　權／吳亭儀、游晨瑋
行 銷 業 務／林秀津、周佑潔、林詩富、吳淑華
總　編　輯／程鳳儀
總　經　理／彭俊國
事業群總經理／黃淑貞
發　行　人／何飛鵬
法 律 顧 問／元禾法律事務所　王子文律師
出　　　版／商周出版
　　　　　　城邦文化事業股份有限公司
　　　　　　台北市南港區昆陽街 16 號 4 樓
　　　　　　電話：(02) 2500-7008　傳真：(02) 2500-77598
　　　　　　E-mail：bwp.service@cite.com.tw
發　　　行／英屬蓋曼群島商家庭傳媒股份有限公司城邦分公司
聯 絡 地 址／台北市南港區昆陽街 16 號 8 樓
　　　　　　書虫客服服務專線：(02) 25007718・(02) 25007719
　　　　　　服務時間：週一至週五上午 09:30-12:00；下午 13:30-17:00
　　　　　　24 小時傳真專線：(02) 25001990・(02) 25001991
　　　　　　服務時間：週一至週五 09:30-12:00・13:30-17:00
　　　　　　劃撥帳號：19863813；戶名：書虫股份有限公司
　　　　　　讀者服務信箱 E-mail：service@readingclub.com.tw
　　　　　　城邦讀書花園　www.cite.com.tw
香港發行所／城邦（香港）出版集團有限公司
　　　　　　香港九龍土瓜灣土瓜灣道 86 號順聯工業大廈 6 樓 A 室
　　　　　　電話：(852)2508-6231　傳真：(852)2578-9337
　　　　　　E-mail：hkcite@biznetvigator.com
馬新發行所／城邦（馬新）出版集團【Cite (M) Sdn. Bhd.】
　　　　　　41, Jalan Radin Anum, Bandar Baru Sri Petaling,
　　　　　　57000 Kuala Lumpur, Malaysia
　　　　　　電話：(603) 90563833　傳真：(603) 90576622
　　　　　　E-mail：services@cite.my

封 面 設 計／徐蘑設計工作室
電 腦 排 版／唯翔工作室
印　　　刷／韋懋實業有限公司
經　　　銷／聯合發行股份有限公司　電話：(02) 2917-8022　傳真：(02) 2911-0053
　　　　　　地址：新北市新店區寶橋路 235 巷 6 弄 6 號 2 樓

■ 2025 年 6 月 10 日初版

定價／480 元

ISBN：978-626-390-534-3
版權所有・翻印必究

國家圖書館出版品預行編目資料

一看就懂！中國與地緣政治：40張資訊圖表，從世界工廠、中共崛起到習近平統治，解析強權競逐與全球戰略新布局／韓石(Pierre Haski)著；姜盈謙譯. -- 初版. -- 臺北市：商周出版：英屬蓋曼群島商家庭傳媒股份有限公司城邦分公司發行, 2025.06
面；　公分. --（生活視野；51）
譯自：Géopolitique de la Chine.
ISBN 978-626-390-534-4（平裝）
1.CST：中國大陸研究　2.CST：國際關係　3.CST：地緣政治
4.CST：政治發展
574.1　　　　　　　　　　　　　　　　114004957

Original French title: *Géopolitique de la Chine*
© 2018, Éditions Eyrolles, Paris, France
Chinese complex characters edition arranged through The Grayhawk Agency
Complex Chinese translation copyright © 2025 by Business Weekly Publications, a division of Cité Publishing Ltd.
All rights reserved.

Printed in Taiwan
城邦讀書花園
www.cite.com.tw